진짜 진보, 가짜 진보

진짜 진보, 가짜 진보

지은이·박중현
펴낸이·성상건
편집디자인·자연DPS

펴낸날·2025년 6월 18일
펴낸곳·도서출판 나눔사
주소·(우) 10270 경기도 고양시 덕양구 푸른마을로 15
　　　301동 1505호
전화·02)359-3429　　팩스 02)355-3429
등록번호·2-489호(1988년 2월 16일)
이메일·nanumsa@hanmail.net

ⓒ 박중현, 2025

ISBN 978-89-7027-840-7　03300

값 17,000원

잘못된 책은 바꾸어 드립니다.

진짜 진보, 가짜 진보

— 깨어남의 진정한 의미를 묻다 —

박중현 지음

나눔사

'진보'의 진정한 의미

　미국의 유명한 가수 마일리 사이러스는 동물 애호가다. 동물들의 고통에 깊이 공감한 그녀는 약 6년간 비건(채식주의자)으로 살았다. 그러나 건강 문제로 인해 비건을 포기하게 되었고, 이후 처음 먹은 음식은 남편이 구워 준 생선 요리였다. 그녀는 식탁 위에 놓인 생선을 보고 한참을 울었다고 한다. 너무 미안한 마음이 들었기 때문이다. 이는 고도의 공감 능력을 보여주는 사례다.

　정신의학자 데이비드 호킨스 박사는 저서 『의식혁명』에서 인간이 도달할 수 있는 최고의 에너지 수준, 즉 의식의 최상위 단계를 설명했다. 요약하자면, 타인과 분리된 개별적인 사적 자아의 경험은 존재하지 않으며, '나'라는 자각이 신성과 동일시되는 지점이 인간 의식 진화의 정점이라는 통찰이다. 그리고 신성에 가까워질수록 자타의 경계는 점점 희미해진다. 이는 곧 '나'를 사랑하는 것과 '내가 아닌 존재'를 사랑하는 것이 유사한 의미를 지니게 됨을 뜻한다. 본질적인 의미에서의 사랑과 연민이 깊어지는 과정이기도 하다. 이러한 관점에서 보면, 마일리 사이러스는 보통 사람들에 비해 그러한 수준에 한 걸음 더 가까이 다가가 있는 인물임이라고 볼 수 있다.

프랑스 철학자 시몬 베유도 비슷한 성향을 보였다. 그녀는 어린 시절부터 타인의 고통을 자신의 고통처럼 느꼈다. 제1차 세계대전 당시, 어린 소녀였던 그녀는 전쟁 속에서 고통받는 군인들이 설탕을 먹지 못한다는 이유로 자신도 설탕을 먹지 않았다. 성인이 된 후에도 가난한 이들이 난방을 하지 못하는 현실을 생각하며 스스로도 집안의 난방을 사용하지 않았다. 베유는 인간의 고통, 연대, 그리고 자기희생에 대해 누구보다 진지하게 고민한 사상가였다.

이처럼 진실하고 깊은 수준의 공감이 더 나은 방향으로 나아가려는 움직임, 즉 '진보'라는 가치의 근간이라면, 이에 대해 그 누구도 의문을 제기하지 않을 것이다. 그러나 현대 사회에서 특정 정치·사회 집단이 '진보'라는 타이틀을 독점하는 현실은 우려스럽다. 진보적 사고와 진보 집착적 사고를 구분하지 못하는 지식인들이 왜곡된 가치를 대중에게 주입하고 있기 때문이다. 그 과정에서 너무나도 많은 오해와 편견이 비판적 사고 없이 무분별하게 받아들여지고 있다.

유튜브에서 본 한 영상이 떠오른다. 미국의 한 동물 보호 단체 회원들이 낚시터에 몰려가 타인의 낚싯대를 집어던지며 시위를 벌였다. 그들은 물고기의 고통에 공감하라고 외치며 폭력적인 방식으로 항의했다. 이러한 모습은 동물 애호가이며 채식주의자인 나에게도 불편하게 다가왔다. 사람마다 인식의 층위가 다른데, 이를 무시한 채 남을 억지로 '계몽'하려는 태도는 오만함을 넘어 폭력에 가깝다.

진정한 진보적 사고란 무엇인가? 무엇이 진정으로 성숙한 시민을 만드는가? 어떤 사회가 진정한 선진국인가? 나는 이러한 주제들에 대해 오랜 시간 깊이 고민해 왔다. 특히 진보적 가치와 선진국 간의 상관 관계에 대해서는 오랫동안 고찰해 왔다. '진보'나 '선진국'을 주제로 한 기존 서적들도 꼼꼼히 살펴보았다. 상당히 많은 책이 소위 말하는 '좌파적' 시각에서 쓰였으며, 저자들이 자신들의 신념을 독자에게 주입하려는 경향이 강하다는 점을 어렵지 않게 느낄 수 있었다. 은근히 그런 메시지를 담고 있는 책도 있고, 아예 대놓고 강한 색깔을 드러내는 책도 있다. 좌파적 정치 성향이 '진보'라는 타이틀을 독점함으로써, 그것을 따르는 것이 마치 옳은 길이며 선진 사회로 나아가는 방향이라는 사회적 왜곡은 분명히 존재한다.

각자의 의식 수준과 지각 범위에 따라 서로 다른 현실이 구성된다. 세상은 결국 이러한 다양한 현실이 충돌하는 공간이다. 이는 단순히 성격 차이로 인해 같은 사물을 다르게 보는 것이 아니라, 아예 서로 다른 세계를 살고 있는 것과 같다. 그러나 그 세계에는 분명 층위가 존재한다. 니체와 쇼펜하우어가 말한 '정신적 귀족'이란 바로 이러한 층위에서 높은 위치에 선 사람들, 즉 고결함을 이해하고 독립적인 사고를 할 수 있는 존재들을 뜻한다.

문제는 높은 시선과 낮은 시선을 제대로 구별하려면, 스스로 더 높은 곳으로 올라가야 한다는 점이다. 높은 의식 수준에서 낮은 의식 수준을 바라보면 그 차이가 명확히 보인다. 이는 본인이 성장하면서 변화해온 사고 과정을 되짚어 보면 알 수 있기 때문이다. 즉, 과거의 영역을 바라보는 셈이다. 하지만 낮은 의식 수준에 있는 사람은 높은 의식 수준과의 차이를 제대로 인식하지 못한다. 그들에게 그것은 아직 알지 못하는 세계, 즉 미래의 영역이기 때문이다. 그러니 애초에 차이점을 명확히 인식할 수가 없고, 다름을 단순한 성격 및 성향 차이로 치부하는 경우가 많다. 심지어 자신이 더 높은 단계에 있다고 착각하기도 한다.

전체주의적 사상에 경도된 특정 정치·사회 집단이 '우리가 진보'라고 자화자찬하는 것은 바로 이러한 착각에서 비롯된다. 어설프게 아는 것을 많이 안다고 오해하는 것이다. 앞서 언급한 동물 보호 단체의 사례를 다시 떠올려 보자. 진실의 수준에서 생명에 대한 깊은 공감은 분명 높은 가치다. 그러나 물고기의 아픔을 공감하라고 고함을 지르며 폭력적인 방식으로 시위를 벌이며 타인을 바꾸려 드는 것은 높은 의식 수준을 갖춘 사람이 할 행동이 아니다. 이는 진정한 공감이라기보다는 '공감을 해야 한다'는 이데올로기에 경도된 것이다. 이 둘은 큰 차이가 있다.

근원적인 수준에서의 공감을 가슴 깊이 느낀 사람은 그러한 감정이 아무나 느낄 수 있는 것이 아님을 안다. 따라서 모든 사람에게는 의식 진화의 측면에서 각자의 때와 시간이 있음을 이해한다. 그렇기에 내가 느낀 것이 우월하므로 이를 타인에게 강요하려 들기보다, 오히려 타인에게 자유를 줄 수밖에 없다는 뼈아픈 모순도 받아들인다. 이것이야말로 진보적 사고와 진보 집착적 사고의 차이다.

진정한 진보는 단순히 기존 질서를 부정하거나 변화만을 추구하는 것도 아니다. 이를 잘 설명한 대표적인 책으로 『워크는 좌파가 아니다』를 꼽고 싶다. 이 책은 도덕 철학자이자 좌파 사상가 수전 니먼의 저서이다. 저자는 소위 '깨어남'이라는 가치가, 전통적으로 좌파의 것으로 여겨졌던 감정들과 접점이 있다는 이유만으로 곧 좌파의 가치를 대변하는 것처럼 혼동을 일으키는 현상을 날카롭게 지적한다. '깨어남'에 경도된 사람들은 이론과 신념이 오히려 자신을 옥죄고 있다는 사실을 깨닫지 못한다.

니먼은 이러한 무지로 인해, 자신이 평생 지지해온 진보나 좌파의 가치가 여러 면에서 신뢰를 잃은 세상이 되었다는 점에 안타까움을 드러낸다.

우리가 주의를 기울이는 것이 곧 우리의 현실이다. 우리가 무엇에 주의를 기울이느냐가 우리가 세상을 바라보는 방식이 된다. 이는 우리가 특정 부분에 집중하면서 동시에 다른 부분을 차단한다는 의미이기도 하다. 가장 고차원적인 인간은 자신의 주의가 어디에 향하고 있으며, 무엇을 차단하고 있는지를 제3자의 눈으로 객관적으로 점검할 수 있는 사람이다. 그러나 이를 실천하는 것은 쉽지 않다. 따라서 깊이 있는 성찰과 균형 감각을 가지고, '개인의 자유'와 존엄성을 지키면서도 더 나은 방향을 모색하는 태도가 필요하다. 결국 진보의 가치는 인간의 정신적·사회적 성장과 더 높은 의식 수준으로의 도약에 있다.

이를 위해서 지식, 사고, 경험, 그리고 영적 성장이 조화를 이루어야만 한다. 지식만 많은 사람도, 사고만 깊은 사람도, 경험만 많은 사람도, 영적 수행에만 집착하는 사람도 이 균형을 이해하지 못한다. 네 가지 요소가 함께 성장할 때, 의식의 진정한 성장이 가능해진다. 이 책은 그러한 복잡한 인과관계를 쉽게 풀어 설명하려는 시도를 한다. 진정한 진보와 진보 집착적 사고의 차이를 철저하게 해부하는 것이야말로 혼란이 가득한 우리 사회에 꼭 필요한 정신적 가이드라고 믿기 때문이다.

한국 사회의 소위 '진보 세력'이 지닌 문제점을 날카롭게 꼬집는 부분도 많다. 단선적인 발상을 기반으로 읽는다면 저자가 우파적 정치 성향을 가졌다고 오해할 수도 있을 것이다. 그러나 나는 좌파도 우파도 아니다. 양측을 균형 있게 바라보며, 각자의 장점과 필요성을 인정한다. 굳이 세부적으로 따져보자면, 나는 국제 사회에서 '진보적 가치'로 여겨지는 많은 부분에 동의하는 편이므로 오히려 좌파적 요소를 더 많이 지니고 있다. 호주에서 오랫 동안 살면서도 굳이 따지자면 노동당(좌파 정당)의 가치에 더 많은 공감을 했다.

안타깝게도 한국식 좌파는 '진보'의 개념을 깊이 이해하지 못하고 있다. 다시 한번 강조하지만, 이 책은 우파의 시각에서 좌파를 공격하는 일차원적인 글이 아니다. 나는 그런 식의 단순하고 편향된 접근을 누구보다 경계하는 사람이다. 오히려 글로벌한 경험을 지닌 자유로운 영혼(리버럴)의 시각에서, 도무지 진보라고 볼 수 없음에도 '진보'의 껍데기를 쓴 세력의 문제를 분석한 것이다. 독자들께서 이 점을 충분히 염두에 두고 책을 읽어주시기를 바란다.

차 례

제5장 거짓 속의 진실 찾기

진짜 진보, 가짜 진보

— 깨어남의 진정한 의미를 묻다 —

제1장
선진국의 얼굴

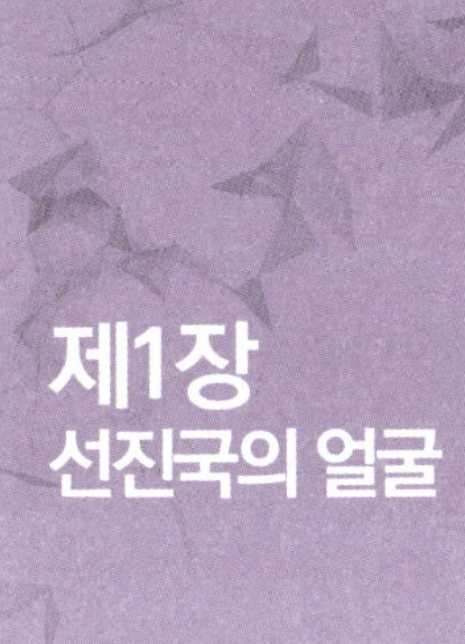

1-1. 진보와 선진국, 그 본질을 묻다.

2025년 현재 대한민국을 살아가는 평범한 '시민 A'가 타임머신을 타고 1985년으로 돌아가 산다고 가정해 보자. 그는 과연 일상에 잘 적응할 수 있을까? 아마도 큰 괴리감을 느낄 것이다. 단순히 기술이나 생활환경이 낙후된 것이 문제가 아니라, 주변 사람들의 사고방식과 사회적 인식 수준이 현재와 너무나 다르기 때문이다. 2025년을 살아본 그에게는 당연한 개념들이 1985년에는 받아들여지지 않거나 낯설게 여겨질 것이다.

이러한 차이는 단순히 개개인의 '학습 능력'과는 무관하다. 예컨대 1985년 당시에도 학문적으로 뛰어난 사람들이 존재했으며, 그들 역시 수학, 과학, 문학, 법학 등 여러 분야에서 높은 수준의 지식을 갖추고 있었다. 그러나 의식 수준, 즉 사회를 바라보는 관점이나 다양성과 평등에 대한 감수성 등은 그 시대가 허용하는 범위 내에서만 형성될 가능성이 높다.

호주를 대표하는 작가인 마일스 프랭클린의 사례를 예로 들어보자. 그녀는 19세기 말에서 20세기 초에 걸쳐 호주 고유의 문학을 발전시키는 데 힘쓴 인물로, 오늘날까지도 호주 문학사에서 가장 영향력 있는 작가 중 하나로 평가받는다. 호주에서 가장 권위 있는 문학상인 '마일스 프랭클린 문학상' 역시 그녀의 이름을 기려 제정되었다. 프랭클린은 호주, 영국, 미국을 오가며 집필 활동을 이어갔으며, 당시 기준으로 매우 진보적인 관점을 지닌 작가로도 알려져 있다.

그러나 그녀 역시 자신의 소설 『나의 화려한 인생(My Brilliant Career)』에서 다음과 같은 표현을 사용했다.

"시인으로 태어나는 것보다는 차라리 노예이거나 흑인, 혹은 절름발이로 태어나는 편이 나아요. 왜냐하면 시인은 함께할 동반자가 없으니까요."

이 문장은 특정 인종이나 장애를 부정적인 것으로 간주하는 뉘앙스를 내포하고 있다. 작가는 세상을 남다르게 보는 시인의 고립과 고통을 강조하려 했지만, 그 과정에서 특정 집단의 존재를 온전한 인격체로 존중하지 못하는 시각이 드러났다. 또한, 그들의 삶을 단순히 고난의 상징으로 치환한 협소한 인식 역시 엿볼 수 있다. 이처럼 모든 사람은 사회적 환경 속에서 시대의 지배적인 관념에 영향을 받는다. 이는 결국 그들이 인식할 수 있는 한계와도 연결된다. 다시 말해, 개인이 아무리 뛰어난 학식을 갖추고 있더라도 시대적 한계를 넘어서기란 쉽지 않다.

다시 '시민 A'의 이야기로 돌아가보자. 과거로 간 그는 민주주의에 대한 인식, 인권 감수성, 동물권 의식, 젠더 평등, 노동권 개념, 위생 관념 등 거의 모든 면에서 엄청난 간극을 경험하게 될 것이다. 1985년의 한국은 오늘날 당연하게 여겨지는 권리나 개념조차 존재하지 않거나 논쟁적인 사안으로 간주되었다. 지금은 심각한 차별로 여겨지는 행동이 그때는 문제조차 되지 않았으며, 반대로 그 시대의 상식이 오늘날에는 도저히 받아들일 수 없는 편견으로 비춰지기도 한다. 물론 이는 한국 사회가 진보했다는 증거이기도 하다.

의식 수준의 진보는 단순한 정보의 축적이나 지식의 양으로 설명할 수 없다. 그것은 사회적 경험, 문화적 환경, 제도적 변화를 통해 형성되는 '정신적 지능'의 영역이다. 그러나 이러한 차이는 단순히 시간이 흐름에 따라 자연스럽게 생기는 것만은 아니다. 예컨대 같은 1985년이라 하더라도, 당시 한국과 캐나다 사이에는 엄청난 격차가 존재했다. 이처럼 한 사회에서 이미 정착된 가치관이 다른 사회에서는 여전히 논쟁의 대상이거나 심지어 배척받는 경우도 많다. 결국 이러한 의식 수준의 차이는 단순한 경제적 발전 여부를 넘어, 선진국과 후진국을 가르는 핵심 가치가 된다.

국가의 격(格)

사회학자 이재열 교수는 저서 『다시 태어난다면, 한국에서 살겠습니까』
에서 한 국가를 평가하는 중요한 기준으로 '격(格)'을 제시한다. '격'이란 단
순한 경제력이나 군사력의 크기를 넘어, 그 사회가 얼마나 성숙한 가치관
과 제도를 갖추었는지를 의미한다. 즉, 선진국이란 단순히 부유한 국가가
아니라, 동시대의 다른 국가들보다 더 높은 의식 수준을 유지하는 나라를
뜻한다.

이를테면 어떤 국가가 군사 강국이며 경제적으로 부유하더라도, 기본적
인 인권조차 제대로 지켜지지 않는다면 진정한 의미의 선진국이라 보기 어
렵다. 예를 들어, 중국이나 일부 중동 국가들은 경제적으로 막강한 파워를
지녔음에도 불구하고 국제 사회에서 선진국으로 인정받지 못한다. 이는 단
순한 경제력이 아니라, 사회적 요소와 의식 수준이 선진국의 핵심 요인임을
시사한다. 반면, 경제적으로 다소 부족하더라도 민주적 가치와 법치주의가
정착된 국가는 더 높은 '격'을 갖춘 나라로 평가될 수 있다. 예컨대 북유럽
국가들은 경제 규모는 상대적으로 작지만, 높은 수준의 민주주의와 복지 제

도를 유지하며 국제사회에서 모범적인 국가로 인정받는다.

　한 나라가 선진국으로 불리려면 단순히 경제적으로 부유하거나 군사력이 강한 것이 아니라, 시대적 흐름 속에서 의식 수준이 동시대의 다른 나라보다 높은 위치에 있어야 한다. 따라서 우리가 미래를 준비할 때 중요한 것은 단순한 경제 성장이나 기술 발전이 아니라, '격'을 높이는 방향으로 나아가는 것이다. 이것이 바로 선진국과 후진국을 가르는 본질적인 차이이며, 진보가 지향해야 할 방향성이다. 특히 현대 사회에서 진정한 선진국은 경제적 번영을 넘어, 사회적 가치와 시민 의식, 그리고 지속 가능한 발전을 위한 철학을 선도하는 국가로 정의되어야 한다.

1-2. 고층 빌딩이 많으면 선진국?

　한 중국인 인플루언서가 소셜미디어에 중국의 화려한 도시 풍경을 담은 사진들을 올리며 '중국은 선진국'이라고 주장하는 장면을 보게 되었다. 사진 속에는 하늘을 찌를 듯 솟아오른 마천루들과 휘황찬란한 조명으로 빛나는 현대식 건물들이 담겨 있었다. 그는 이러한 이미지들이 중국이 선진국임을 보여주는 증거라고 강변했다. 하지만 여기서 우리는 본질적인 질문 하나를 던져야 한다. 과연 '높은 건물'과 '화려한 외양'이 선진국을 정의하는 기준이 될 수 있는가?

만약 그렇다면, 대표적인 선진국으로 꼽히는 노르웨이, 스웨덴, 핀란드 같은 북유럽 국가들은 모조리 후진국 취급을 받아야 할 것이다. 이들 나라의 수도를 가 보면 고층 건물을 찾기 어려울 정도다. 도시 디자인은 조용하고 절제되어 있으며, 대규모 쇼핑몰보다 도서관이나 공공기관이 중심에 있고, 빛공해 없이 자연과 조화를 이루는 풍경이 눈에 띈다.

그럼에도 이들은 인간 개발 지수(HDI), 사회 복지, 교육 수준, 언론 자유, 환경 보호, 시민의 삶의 질 등 거의 모든 국제 지표에서 세계 최상위를 기록하고 있다. 그들의 도시가 삐까번쩍하지 않은 이유는 단순하다. 굳이 그렇게 하지 않아도 되기 때문이다. 보여주기 위한 과시가 아니라, 실질적인 삶의 질이야말로 선진국의 핵심 요소이기 때문이다. 이처럼 고층 건물과 눈부신 조명이 국가의 선진성을 입증한다고 믿는 사고방식은 다분히 유아적이다. 어린아이가 반짝이는 장난감에 쉽게 현혹되는 것과 다를 바 없다.

우리가 '선진국'이라는 개념을 논할 때는, 사회가 얼마나 성숙하고, 의식 수준이 높으며, 또 그 사회 구성원 모두가 얼마나 존엄하게 살아갈 수 있는가를 중심에 두어야 한다. 겉으로 보기에 화려한 것만 보고 판단한다면, 본질을 보지 못하는 피상적 시선에 머물게 되고, 결국 우리가 진정으로 추구해야 할 가치들을 놓치게 된다.

사회의 의식 수준이 낮을수록 공통적으로 나타나는 현상이 있다. 바로 겉으로 드러나는 것에만 집중하고, 깊이를 들여다보려는 시도는 외면하는 경향이다. 이러한 문화는 마치 무대 위의 화려한 조명에만 시선을 빼앗겨, 그 무대 뒤편에서 이루어지는 진짜 이야기에는 관심을 두지 않는 관객과 같다. 결국 모든 것을 표면적으로만 판단하려는 태도로 이어진다.

피상성의 덫

사실 한국 사회 역시 한 개인의 진정한 내면이나 역량, 인격을 깊이 있게 파악하려는 시도가 상대적으로 부족하다. 그 대신 빠르고 쉬운 판단 도구에 의존하려는 경향이 강하다. 대표적인 사례가 결혼 정보 회사다. 이들은 개인의 학력, 직업, 외모, 재산 등을 항목별로 점수화하여 사람을 평가한다. 이때 '좋은 사람'이란 따뜻한 성품이나 타인을 배려하는 능력, 혹은 고난 속에서도 흔들리지 않는 인내력 같은 요소가 아니라, 스펙으로 환산 가능한 외형적 기준으로 판단된다.

이런 현상은 대중문화와 SNS에서도 반복된다. 연예인 싸움 순위나 외모 랭킹처럼 본질과는 거리가 먼 피상적인 소재들이 끊임없이 화제가 된다. 물론 '재미로' 소비된다고는 하지만, 그것이 반복될수록 결국 사회 전반의 인식 수준을 반영하고, 더 나아가 이를 강화하는 역할을 하게 된다. 예를 들어, 헐리우드에서 매년 배우들의 싸움 순위를 매기고 이에 관해 토론한다고 상상해보자. 아마 세계적인 조롱거리가 될 것이다. 그런데 한국은 이토록 유치한 소재가 주요 예능 프로그램이나 SNS상에서 '재미'라는 이름으로 무비판적으로 소비되고 있는 현실을 마주하고 있다.

이러한 피상성은 단순한 오락의 차원에만 머물지 않는다. 그것은 사람을 바라보는 방식, 사회의 성공 기준, 교육과 채용, 그리고 관계 형성 전반에 걸쳐 깊숙이 침투해 있다. 예컨대 영어는 본래 의사소통을 위한 도구임에도 불구하고, 한국에서는 토익이나 토플 점수처럼 수치화된 외형적 성과에만 집중하는 경향이 있다. 실제 원어민을 마주했을 때 누가 더 원활하게 의사소통을 하는지가 아니라, 어떤 시험의 점수가 높은가로 판단하는 것이다. 이렇게 되면 의사소통이라는 본래 목적은 뒷전이 되고, 영어 역시 '스펙' 경쟁의 또 다른 장으로 변질된다.

이러한 문화의 가장 큰 문제는 인간을 하나의 '상품'처럼 평가하고 소비하게 만든다는 점이다. 사람을 점수로 줄 세우고, 외모나 배경으로 등급을 매기는 사고방식은 자연스럽게 비교와 열등감, 허세와 과시를 낳는다. 이로 인해 사람들은 자신의 본질적인 성장이나 성숙보다는, 어떻게 보일 것인가, 어떻게 더 높게 평가받을 것인가에만 집착하게 된다. 그리고 이는 사회 전체가 피상성과 허위의식에 물들게 만드는 결과로 이어진다.

지금 우리가 마주하고 있는 다양한 현상들은 단순한 문화적 특성이 아니라, 사회 전체의 의식 수준이 어디쯤에 머물러 있는지를 보여주는 신호다. 따라서 우리에게 필요한 것은 화려한 외양의 확대가 아니라, 의식의 성장과 성숙이다.

진정으로 성숙한 사회란, 겉모습이나 일시적인 성과보다는 한 사람의 태도, 성실함, 관계 속에서의 신뢰, 삶을 대하는 자세 같은 내면의 요소들을 중심으로 평가하는 사회다. 그런 사회는 외적인 점수와 랭킹보다는 사람과 사람 사이의 깊은 이해와 존중을 더 중요하게 여긴다. 그것이야말로 진짜 '선진성'이며, 우리가 지향해야 할 방향이다. 진짜 깊이를 보는 눈, 본질을 꿰뚫는 통찰, 그리고 사람을 있는 그대로 존중하는 문화. 이것이 우리가 추구해야 할 다음 단계다.

1-3. 표면 아래 또 다른 진실

한국의 길거리를 걷다 보면, 겉으로 보이는 모습은 확실히 선진국이라는 인상을 준다. 잘 갖추어진 인프라와 화려한 빌딩들, 그리고 전반적인 도시 환경은 그 어떤 나라와 비교해도 뒤지지 않는다. 한국의 대도시들, 특히 수도권의 모습은 매우 현대적이고 세련되며, 공공시설이나 도로망도 잘 구축되어 있다. 외국인들이 한국을 방문했을 때 느끼는 첫인상도 대체로 긍정적일 수밖에 없다. 하지만 이러한 외형적인 모습만 보고 단순히 '선진국'이라는 이미지를 형성하는 것은 다소 위험할 수 있다.

예를 들어, 지하철의 스크린도어를 생각해보자. 한국의 지하철 시스템은 매우 잘 발달해 있으며, 스크린도어가 설치되어 있어 승객들이 선로로 떨어지는 사고를 예방할 수 있다. 많은 한국인들이 외국에 나가면, 스크린도어가 없는 지하철 시스템을 보고 한국이 더 발전했다고 자랑하는 경우가 많다. 예를 들어, 호주 시드니의 트레인 플랫폼에는 스크린도어가 없다. 신설된 일부 메트로 라인에는 있지만, 대부분의 트레인 노선에는 설치되어 있지 않다. 하지만 이 차이를 단순히 '한국이 더 발전했다'고 해석하는 것은 조금 더 깊이 생각해볼 필요가 있다.

이런 질문을 던져보자. '왜 스크린도어가 절실히 필요했을까?' 한국에서

스크린도어가 설치된 배경에는 높은 자살률과 관련된 사회적 문제가 있었다. 한국의 자살률은 OECD 국가들 중 최고 수준을 유지해왔다. 2003년부터 2016년까지 14년 연속 자살률 1위를 기록했으며, 2017년에는 일시적으로 감소세를 보였지만, 2018년부터 다시 1위 자리를 차지하고 있다. 자살률 문제는 한국 사회의 심각한 과제로, 이를 해결하기 위한 여러 노력이 있었다. 그중 하나가 지하철 선로에 뛰어드는 자살을 막기 위한 스크린도어 설치 사업이다.

즉, 스크린도어가 더 절실했던 이유는 더 깊은 사회적 문제를 해결하려는 시도의 일환이었다. 반대로 자살률이 낮은 나라, 혹은 트레인 선로에서 일어나는 사고가 적은 사회에서는 스크린도어 설치의 필요성을 덜 느낄 수 있다. 그렇다면 한국과 같은 심각한 사회적 문제를 상대적으로 덜 경험한 나라를 보며 '후진적'이라고 보는 것은 오히려 아이러니한 일이다.

결국 겉모습이 아니라 그 이면을 생각해보면 본질이 보인다. 경제학자 제러미 리프킨의 저서 『엔트로피』에는 사회적 발전과 정신적 발전이 역사적으로 대부분 반대 방향으로 진행되었다는 주장이 나온다. 개인적으로 이 의견에 전적으로 동의하지는 않지만, 겉모습과 본질이 항상 일치하지 않는다는 점에서는 일정 부분 공감할 수 있다. 진정한 선도국가가 되기 위해서는 기술과 지식, 기능적인 측면도 물론 중요하지만, 그보다 먼저 큰 그림을 이해하고 미래지향적인 비전을 갖는 혜안이 필요하다. 또한, 좁은 시각에서 벗어나 보다 포용적이고 열린 사고를 통해 편협한 관점을 넘어서야 한다. 그것이 바로 진보의 본질이다.

살기 좋은 나라라는 개념의 허상

물론 서구권의 국가들이 이상적인 천국인 것도 아니다. 매년 EIU (Economist Intelligence Unit)는 전 세계에서 가장 살기 좋은 도시 순위 (Global Liveability Index)를 발표한다. 해마다 조금씩 차이는 있지만, 전통적으로 스위스의 취리히나 제네바, 오스트리아의 비엔나, 호주의 시드니나 멜버른, 덴마크의 코펜하겐, 캐나다의 밴쿠버 등이 상위권을 차지해 왔다. 그리고 전 세계 수많은 사람들이 이런 도시에서 살아보고 싶다는 환상을 품는다.

그러나 단순히 이러한 지표상의 순위가 모든 것을 설명할 수는 없다. 우선, '살기 좋다'는 개념은 누구에게나 동일하게 적용되지 않는다. 예를 들어, 스위스 취리히가 세계에서 가장 살기 좋은 도시로 평가받았다고 하자. 취리히에서 태어나 자란 스위스 시민이나, 최소한 서유럽 출신의 이민자에게는 충분히 해당될 수 있다. 하지만 그들이 느끼는 삶의 질은 언어적 장벽과 문화적 차이를 안고 그곳으로 이주한 중국인이 경험하는 것과는 매우 다를 수 있다. 독일어나 영어, 프랑스어 중 한 가지도 구사하지 못하는 이민자는 일상에서 겪는 어려움이 크다. 때로는 인종차별을 겪을 수도 있으며, 이로 인해 '살기 좋다'는 의미가 전혀 다르게 다가올 수 있다.

이처럼 '살기 좋은 도시'라는 타이틀은 해당 도시의 다수 그룹, 즉 그곳의 주류 문화와 제도를 이해하고 적응할 수 있는 사람들에게만 적용되는 상대적 개념이다. 세계적인 지표가 말해주는 정보는 결국 주류 사회에 속한 사람들의 경험을 반영할 뿐, 모두에게 동일한 기준이 적용되지는 않는다.

사실, '살기 좋다'는 기준 자체도 매우 자의적이다. 높은 순위를 받은 도시들은 주로 치안이 좋고 인프라가 우수하며 경제적으로 안정된 곳이다. 그러나 어떤 사람들에게는 이 외의 요소가 더 중요할 수 있다. 예를 들어, 유흥 문화나 활기찬 밤 문화를 즐기는 사람들에게는 북유럽의 조용한 도시보다는 한국이나 일본의 번화가가 더 매력적으로 다가올 수 있다. 이처럼 특정 도시가 '살기 좋다'는 평가는 보편화된 기준에 따른 것이며, 개인의 삶의 방식이나 가치관과는 다를 수 있다.

더불어, 도시가 인프라와 편의시설 면에서 높은 평가를 받더라도 특정 인구가 차별을 경험하거나 사회적 네트워크에서 배제된다면, 그 도시에 대한 실제 생활 만족도는 크게 낮아질 수 있다. 안전에 대한 기준도 마찬가지다. 평균적으로 치안이 좋더라도 특정 인종에 대한 부정적인 인식이 만연할 경우, 증오 범죄의 표적이 될 가능성도 높다. 즉, 세계적인 도시 평가 지표는 특정 인구 집단의 경험만을 반영하며, 소외된 집단의 현실은 간과될 수 있다.

결국, '어디가 더 살기 좋은가'라는 무의미한 논쟁보다는, 각자가 자신이 처한 환경 속에서 어떻게 삶을 꾸려나가고, 어떤 마음가짐으로 하루하루를 살아가는지가 훨씬 더 본질적인 문제다. 삶이란 단순히 어느 나라에 살고, 어떤 조건을 갖추었느냐에 따라 결정되는 것이 아니다. 오히려 중요한 것은 그 환경을 어떻게 받아들이고, 어떤 가치와 신념을 가지고 삶을 대하느냐. 결국, 삶의 본질은 '어디에 있는가'가 아니라 '어떻게 살아가는가'에 달려 있다. 이러한 사실을 깨닫는 사람이 많은 사회일수록, 보다 더 진보적인 사회로 나아갈 가능성 또한 높아진다.

1-4. 품격의 척도

한국에서 소위 돈 좀 있는 집안에서는 자녀 교육과 관련하여 운동이나 음악 등의 특기를 중시한다고 한다. 그 이유는 어차피 해외로 학교를 보낼 것이기 때문에 서양 아이들과 잘 어울리기 위해서라고 한다. 심지어 한때 강남에서는 아이들의 영어 발음을 원어민처럼 만들기 위해 혀 수술을 받는 문화도 있었다. 참으로 촌스러운 발상이 아닐 수 없다.

몇 년 전 유행했던 〈스카이 캐슬〉이라는 드라마에서도 비슷한 모습을 볼 수 있었다. 대한민국 상위 0.1%들이 모여 사는 고급 주택 단지를 배경으로 한 작품이었다. 그러나 해당 드라마에서 보여지는 배경을 살펴보면 헛웃음이 나온다. 어설프게 따라한 서양식 건물과 인테리어, 애써 흉내 낸 서양식 정찬 테이블과 복장 등. 그 촌스러운 장면들이 고급스러운 것으로 비춰진다는 것이 서구권에 오래 살았던 나로서는 이해가 가지 않는다.

한국의 상류층이 서양 귀족을 흉내 내려는 경향은 단순한 라이프스타일의 선택을 넘어서, 깊은 문화적 모방과 권력 구조에 대한 무비판적 수용의 문제를 담고 있다. 이는 단지 서양 문화를 존중하는 것을 넘어, 자신들의 정체성과 가치를 서양의 기준에 맞추려는 경향을 보여준다. 서구식 생활 방식을 따라잡아야 할 목표로 설정하여 이를 통해 자신들의 지위와 권력을 더욱 공고히 하려는 욕망을 드러내고 있다. 지극히 피상적이다.

예를 들어, 유럽의 고급 패션 브랜드, 유럽식 저택, 고급 프랑스 와인, 서양의 상류층이 하는 운동 등을 떠올려 보자. 이와 같은 문화를 소비하는 것이 곧 사회적 지위와 권력을 상징하는 것으로 여겨지는 현상은 한국 사회에서 빈번하게 관찰된다. 이러한 행태는 겉으로는 고급스러움을 나타내지만, 서구의 이미지를 모방하는 것이 곧 '성공한 삶'으로 정의되는 자주 식민화된 사고방식에서 비롯되었다. 다소 불편한 이야기일 수 있지만, 내가 이런 이야기를 하는 데는 이유가 있다. 서양인들이 동양을 가장 우습게 여기는 지점이 바로 이런 부분이기 때문이다. '돈 좀 있는 동양인들이 서양 귀족 흉내를 내려고 안달하는 모습' 말이다.

자신들이 고급스럽다고 여기는 그 문화가 사실 서양인들에게는 조롱거리로 비춰지기도 한다는 사실을 잘 인지하지 못한다. 서양에서의 귀족 문화나 고급스러움이 한국에서 소비되는 방식은, 그 본래의 깊이나 맥락을 전혀 이해하지 못한 채 단지 외형적인 부분만을 모방한 것이다. 넓은 시야를 가지지 못한 채, 한정된 틀 안에서 자신의 가치와 타인의 평가를 좇는 모습은 안타까울 뿐이다.

물론 이러한 우스꽝스러움에서 가장 유서 깊은 전통을 지닌 집단은 일본 왕실이다. 의복, 음식, 예법 등 수많은 서양의 형식을 도입했고 이를 유지한다. 그들 스스로는 매우 고유한 전통으로 여길지 모르지만, 서구의 시각에서 보면 이는 또 다른 형태의 모방일 뿐이다. 서양 문화에 대한 지나친 동경은 일본 사회뿐만 아니라 한국 사회에서도 비슷하게 나타나고 있으며, 이는 동아시아 전반에 걸친 문화적 딜레마를 보여준다.

　우리 모두는 주입된 세계관의 영향을 받는다. 그 세계관은 우리의 현실 인식 과정을 왜곡한다. '서양 것'이라면 무조건 다 좋아 보이는 우매한 발상도 그렇게 형성된다. 한국 상류층이 서양 귀족 문화를 모방하려는 경향은 단순한 취향의 문제가 아니다. 이는 한국 사회의 문화적 정체성, 전통적 가치, 그리고 사회적 책임에 대한 깊은 성찰이 부족한 결과물이다. 겉으로 보여지는 '고급스러움'이 품격을 대변할 수 없다. 인간적인 성숙함과 높은 정신적 소양, 그리고 사회에 대한 책임감이 곧 진정한 품격의 척도가 되어야 한다.

물질적 풍요를 넘어선 성숙

　오늘날 우리는 대형 포털 사이트의 자동 뉴스 큐레이션 시스템에 의존하며 정보를 소비하는 시대를 살아가고 있다. 그러나 정보가 단편적이고 피상적으로 제공될 때, 사람들은 깊이 있는 사고 없이 동일한 생각을 형성하게 되며, 이는 왜곡된 인식의 확산을 초래할 수 있다. 이러한 문제는 특히 국가 간의 행복도를 비교하거나 발전의 정도를 평가하는 논의에서도 자주 나타난다. 가령 진정한 선진국이란 무엇인가에 대해 생각해 볼 때, 이러한 정보 소비 방식이 중요한 관점을 놓치게 만든다는 점을 인식할 필요가 있다.

'가난한 나라가 부유한 나라보다 더 행복하다'는 통설이 널리 퍼져 있다. 예를 들어, 아마존에서 전통적인 수렵과 채집 생활을 이어가는 피라항 족은 세계에서 가장 행복한 부족으로 알려져 있다. 그들은 현대 사회에서 흔히 겪는 우울증, 불안 장애, 자살과 같은 정신 건강 문제를 전혀 경험하지 않는다고 전해지며, 이는 언어학자 대니얼 에버렛의 연구를 통해 대중에게 알려졌다. 이러한 사례는 문명이 발전하지 않은 사회일수록 정신적으로 더 건강하다는 주장에 힘을 실어준다.

그러나 진정한 선진국을 정의하기 위해서는 이러한 사례를 단편적으로 해석해서는 안 된다. 만약 피라항 족이 현대 사회의 높은 수준의 물질적 삶을 경험한 후 다시 원래의 환경으로 돌아가게 된다면, 그들의 행복감은 급격히 감소할 가능성이 크다. 또한, 주변 사람들이 모두 더 나은 환경으로 이동하고 자신만이 그 자리에 남아 있을 때, 상대적 박탈감은 피할 수 없다. 인간은 물질적 풍요 자체보다는 사회적 비교와 인식을 통해 행복을 판단하기 때문이다.

한 역사학자가 언급한 사례에 따르면, 아마존 밀림에서 뱀과 쥐를 잡아먹으며 살아가던 원주민들이 문명 사회의 풍요로운 음식을 경험한 이후, 다시 원래의 식생활로 돌아가려 하지 않았다고 한다. 굶주림에 시달리면서도 과거의 음식을 거부하는 이들의 태도는, 문명이 제공하는 물질적 풍요를 경험한 후 그로 인한 결핍감을 극복하기 어려워한다는 사실을 보여준다. 결국 행복의 개념은 단순히 생활 방식이나 물질적 조건에 의해 결정되는 것이 아니라, 다양한 경험과 비교를 통해 형성된다는 점을 알 수 있다.

진정한 선진국이란, 문명의 발전 과정에서 발생하는 심리적·정서적 문제를 성숙하게 다룰 수 있는 능력을 갖춘 사회를 의미한다. 인간의 정신이 고도화될수록 불안, 우울, 혼란 등의 정서적 질환이 발생할 가능성은 커진다. 이는 지각할 수 있는 정보가 더욱 세밀해지기 때문이다. 따라서 선진국일수록 심리학, 정신 건강, 정서적 성숙을 위한 노력이 중요한 가치로 여겨진다. 결국 더 큰 내적 혼란을 경험하고 이를 극복하는 능력도 성숙함의 한 부분이다. 그러나 이러한 종합적인 판단이 이루어지지 않은 상태에서 단순히 '가난한 나라가 더 행복하다'는 식의 논리는 일차원적이다. 긍정적인 메시지를 전달하려는 의도는 좋지만, 정보의 왜곡은 또 다른 고정 관념을 형성할 수 있다.

진정한 선진국은 물질적 풍요와 정신적 성숙을 함께 추구하는 사회이다. 경제적 번영을 넘어 심리적 안정과 인간적인 성장을 동시에 이루어낼 수 있는 사회가 진짜 선진국이라 할 수 있다. 다양한 경험과 비교 속에서도 자신의 행복을 재정의하고 재전환할 수 있는 능력을 가진 사회다.

1-5 국가의 수준은 국민 평균의 수준

국가의 수준은 국민 평균의 수준이다. 이 간단한 진리는 우리가 국가의 발전 정도를 평가할 때 중요한 기준이 된다. 국가가 성장하고 발전하기 위해서는 개개인의 역량이 중요한 역할을 한다. 특히 국민 평균의 의식 수준이 낮을 경우, 겉보기에만 그럴듯해 보이는 해결책들이 더 큰 지지를 얻는 경우가 많다. 그중에서도 가장 눈에 띄는 것이 바로 '대책 없는 포퓰리즘'이다.

포퓰리즘(populism)은 국민 대중의 감정이나 즉각적인 이익을 충족시키려는 정책을 말한다. 본질적으로 포퓰리즘은 대개 '지금 당장 해결할 수 있는 문제'에 집중하며, 그런 문제를 해결한다고 외치는 지도자는 국민들의 즉각적인 지지를 얻게 된다. 이러한 전략은 특히 정치적 불안정, 경제적 어려움, 또는 사회적 불만이 높을 때 유효하다.

하지만 단기적인 해결책은 장기적인 문제를 악화시키는 경우가 많다. 예를 들어, 국가가 국민들에게 현금을 뿌리거나 대규모로 공공사업을 통해 일자리를 창출하는 등의 정책은 단기적으로는 국민들의 삶에 긍정적인 영향을 미칠 수 있다. 그러나 이러한 정책이 결국에는 국가의 재정적 부담을 늘리고, 지속 가능한 경제 발전에 방해가 될 수 있다는 점은 근현대 많은 사례를 보면 자명하다. 문제는 국민들의 평균적인 의식 수준이 낮을수록, 포퓰리즘은 더 잘 먹힌다. 이 말은 단순히 교육 수준이나 경제적 지위와 관련된 문제만이 아니라, 비판적인 사고와 밀접한 연관이 있다.

의식 연구의 대가였던 데이비드 호킨스 박사는 인간의 의식이 단지 개별적인 차원이 아니라 집단적으로도 변화할 수 있다고 보았다. 개인들이 내적으로 성장하고, 의식을 변화시키면, 그들이 속한 공동체와 사회도 함께 변화하게 된다. 호킨스는 이를 통해 인류 전체가 궁극적으로 더 높은 수준의 의식에 도달할 수 있다고 믿었다. 이는 공동체의 협력과 세계 평화를 이끌어낼 수 있는 기반이 된다. 이러한 메커니즘을 제대로 이해하는 것이야 말로 진정한 의미에서의 진보적 발상이다. 사실상 기득권의 공동 독재를 민주주의라 부르며, 그 진영을 진보와 보수로 나누는 한국 사회에서는 '진보'라는 단어의 의미가 제대로 해석되기 어렵다.

저평가된 지능의 영역

하버드 대학 교육학과의 석좌 교수인 하워드 가드너는 인간의 다중지능(multiple intelligence) 이론을 제시했다. 그는 인간의 지능을 최소한 9가지로 분류했으며, 이 이론은 현재 전 세계적으로 심리학과 교육 분야에서 널리 사용되고 있다.

1. 논리 수리 지능 (IQ – 지성 지능)

2. 언어 지능 (IQ – 지성 지능)

3. 공간 지능 (EQ – 감성 지능)

4. 음악 지능 (EQ – 감성 지능)

5. 신체 균형 지능 (EQ – 감성 지능)

6. 대인 관계 지능 (HQ – 인간 지능)

7. 자연 친화 지능 (HQ – 인간 지능)

8. 자기 이해 지능 (SQ – 영성 지능)

9. 실존 지능 (SQ – 영성 지능)

과거, 인간의 생존을 위한 목표가 주로 '먹고사는 문제'에 집중되었던 시절에는 시험과 같은 도구를 통해 사람들을 천편일률적으로 구별하는 방식이 주류를 이루었다. 이로 인해 주로 1번과 2번 지능(IQ)에 집중하면서 사람들을 기계처럼 양성하는 한계를 겪을 수밖에 없었다. 그 후 사회가 어느 정도 안정되면서, 관심은 자연스럽게 3번에서 5번(EQ) 지능으로 확장되었지만, 여전히 다른 영역에 대한 관심은 부족했다. 그나마 6번과 7번(HQ) 지능은 어느 정도 중요성을 인정받았지만, 8번과 9번(SQ) 지능은 천대 받았다. 해당 지능이 높은 사람들은 고차원적 사고를 더 많이 하기에 종종 이상하게 여겨지기도 했다. 사회가 미성숙한 단계에서는 이 영역의 중요성을 쉽게 인지하지 못하기 때문이다. 하지만 인간 존재의 본질과 세상의 의미를 깊이 탐구하는 것은 인류의 정신적 발전에 큰 기여를 할 수 있는 매우 근본적인 힘이다.

그리고 단편적인 사고에서 벗어나 인간의 다면적 지능을 깊이 이해할 때 진정으로 '똑똑함'의 의미를 깨달을 수 있다. 그리고 그 의미를 깨달은 정도가 클수록 선진적인 사회가 된다. 이것이 잘 이해되지 않는다면 한국과 북한의 차이를 떠올려보면 쉽다. 한 나라가 반으로 갈려 수십 년 후에 극과 극의 결과를 낸 것은 무엇 때문인가? 정치적 방향성, 즉 이념의 차이다. 그렇다면 그 차이의 근원은 또 무엇인가? 남한 사람들이 북한 사람들보다 공부를 더 잘해서인가? 타고난 유전자가 더 좋아서인가? 본질은 리더와 그를 따르는 군중의 의식 수준의 차이였다. 즉, 진짜 성공과 실패를 가르는 핵심은 '공부 지능(X)'이 아니라 '정신적 지능(Y)'이었고, 이 둘은 그 축 자체가 다르며 결코 비례 관계가 아니다.

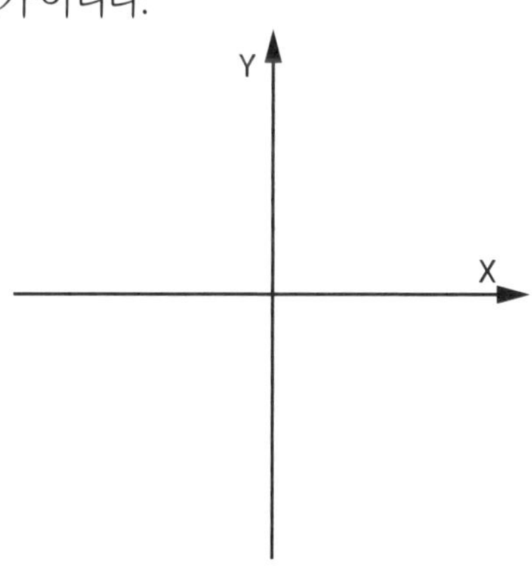

에크하르트 톨레의 저서 『지금 이 순간을 살아라』에서는 '무지함'이 사회에서 흔히 통용되는 개념의 지적 수준과는 관련이 없다는 중요한 통찰을 제시한다. 저자는 많은 사람들이 많이 배웠음에도 불구하고, 무의식적인 패턴에 따라 살아간다고 지적한다. 즉, 자아 성찰이 부족하고 메타인지가 낮은 사람들은 사실상 무지한 상태에 있다는 것이다. 남북한의 차이에서 알 수 있듯, 그러한 무지는 사회 전체에 큰 영향을 미칠 뿐만 아니라 국가의 근간을 결정할 수도 있다.

핀란드 교육의 진실

신영복은 한국의 대표적인 진보 지식인이었다. 그의 유작 중 하나인 『담론』에는 핀란드 교육 시스템을 높이 평가하는 대목이 있다. 저자는 핀란드의 교육이 성적 중심이 아니며, 학업 성취도를 평가할 때 '잘했어요', '아주 잘했어요', '아주 아주 잘했어요'라는 세 가지 표현만을 사용한다고 소개했다. 이는 단순하면서도 아이들에게 상처를 주지 않는 방식으로 비춰진다.

핀란드 교육은 분명히 여러 면에서 모범적인 모델로 평가받는다. 교사들은 상당한 자율권을 가지고 있으며, 학생에 대한 평가는 단순히 숫자로 환산되는 것이 아니라 서술형 평가, 포트폴리오, 프로젝트 결과물, 동료 평가, 자기 성찰 보고서 등 다양한 방식으로 진행된다. 이는 교육의 전 과정을 통해 학생의 사고력과 문제 해결 능력, 협력 능력 등을 종합적으로 평가하려는 의도에서 비롯된 것이다.

하지만 이처럼 외국의 사례를 간단하게 소개하면서 해당 사회를 이상적으로 바라보는 경향은 종종 문제를 야기한다. 외국의 제도나 문화를 접할 때, 그것을 깊이 있게 이해하지 않고 단편적인 정보나 감성적인 문장으로만 받아들이는 경우가 많다. 특히 외국에서 오래 살아본 경험이 없는 이들이 흔히 범하는 실수이기도 하다. 자신이 속한 사회의 구조적 문제에 대한 대안으로 외국의 사례를 제시하지만, 정작 그 사회의 역사적 배경이나 문화적 맥락은 간과한 채 단순한 '타자의 이상화'에 머무르고 만다.

우선 신영복 작가가 묘사한 것처럼 단 세 단계로 모든 학업 성취를 나눈다는 것은, 실제 핀란드 교육의 풍부한 평가 체계를 지나치게 단순화하고 이상화한 표현이다. 백 번 양보해서, 정말로 핀란드의 학업 성취 기준이 '잘했어요', '아주 잘했어요', '아주 아주 잘했어요' 세 가지뿐이라고 하더라도, 이는 평가의 본질을 흐리게 할 뿐이다. 결국 이것도 등급화이며, 서열화다. 결국 학생의 성취도를 분류하고 판단한다는 점에서는 한국의 성적 제도와 본질적으로 다르지 않다. 아무리 표현을 부드럽게 하고 포장한다 하더라도,

그 안에는 여전히 성과를 분류하고 등급을 나누는 시스템이 존재한다. 학생들 역시 자신이 어느 수준에 있는지를 인식하게 되고, 사회는 그것을 토대로 다시 비교와 경쟁의 틀을 만들어낸다.

사실 근본적인 문제는 따로 있다. 한국 사회는 여전히 학교 성적이나 점수에 지나치게 매달리는 문화를 벗어나지 못하고 있다. 성적이나 점수 따위로 인간을 서열화하고 줄 세우려는 심리가 그대로 유지되는 한, 상황은 달라지지 않는다. 따라서 진정으로 중요한 것은 평가의 형식이나 언어가 아니라, 인간 지능의 다양성을 인식하고 존중하는 태도이다. 모든 사람이 같은 방식으로 잘할 수 없고, 같은 기준으로 측정될 수 없다는 당연한 사실이 사회 전반에 깊이 뿌리내려야 한다.

특히 우리가 주목해야 할 개념은 '정신적 지능'과 '의식 수준'이다. 이는 단순한 문제 해결 능력이나 지식 암기력이 아닌, 세상을 바라보는 깊이, 타인에 대한 공감력, 삶의 방향을 설정하는 통찰력 등을 포함하는 포괄적인 지적 역량이다. 이러한 개념이 일반화되고 널리 이해되는 사회에서는 점수 1~2점 차이나 출신 대학으로 인생이 결정되는 듯한 경쟁 중심의 분위기가 애초에 만들어질 수 없다. 사회 전체가 인간의 본질적인 가치를 먼저 보게 되고, 서로의 차이를 있는 그대로 인정하는 분위기가 자리잡게 된다. '형식적인 진보 흉내'는 애초에 필요 없는 일이 된다.

따라서 진보적인 교육을 꿈꾸는 사람이라면, 단순히 말의 포장이나 형식을 바꾸는 데 그쳐서는 안 된다. 본질을 직시하고, 그 본질에 대한 사회적 인식을 높이는 계몽적 작업이 병행되어야 한다. 그것이야말로 진정한 진보의 길이다. 사회 구조를 바꾸기 위해서는 근본적인 인간 이해에 대한 재정립이 필요하며, 그 출발점은 우리 스스로의 사고방식에 대한 비판적 성찰에서 시작된다. 외국의 제도를 이상화하며 말장난으로 본질을 흐리는 것이 아니라, 우리가 처한 현실의 뿌리를 직시하고 진정한 변화를 추구해야 한다.

1-6 미래인의 관점이란

예전에 시민 단체 활동을 하며 알고 지낸 60대의 어르신이 계셨다. 그분은 독실한 기독교 신자였고, 국내 최고 명문 S대 출신이셨다. 내가 왜 그렇게 교회를 열심히 다니시냐고 물었을 때, 그는 "목사님이 박사 학위가 있으시니까"라고 답했다. 이처럼, 단순히 '학위'라는 외적인 요소에 의존하는 사고방식은 낮은 의식 수준의 전형적인 예시라 할 수 있다. 이는 좁고 구시대적인 세계관에서 벗어나지 못한 결과이다. 그런 사고방식을 변화시키는 지능이 바로 정신적 지능이다. 그리고 이것은 미래인의 관점과 밀접한 연관이 있다.

미래인의 시각이란 개념이 다소 생소할 수 있으니, 한 가지 예를 들어 보자. 19세기 영국은 당시 세계에서 가장 발전한 문명국 중 하나였지만, 공장에서 하루 18시간 가까이 일을 하는 어린이들이 많았다. 심지어 6~7세의 어린 아이들도 그러한 가혹한 노동 환경에 노출되었다. 당시의 지식인들은 이를 노동시장 원리에 따른 자연스러운 계약으로 받아들였다.

만약 우리가 타임머신을 타고 그 시대의 영국으로 가서 아동 노동의 부당함을 설명한다면, 당시 사람들은 이를 쉽게 납득하지 못할 것이다. 이는 특정 시대의 의식 수준의 한계 때문이다. 따라서 당대 최고의 엘리트라 하더라도 미래인의 관점을 이해하지 못할 가능성이 높다.

시간이 흐를수록 사회 전반의 인식과 지성이 발전하는 경향이 있다. '새로운 세대는 이전 세대보다 더 똑똑하다'는 말이 있는데, 이 역시 공부의 지능이 아닌 정신적 지능을 의미한다. 가령 뛰어난 철학이나 예술, 문학이 당대에 인정받지 못하거나 오히려 무시·박해를 받다가 당사자 사후에 미래 세대에게 재조명받은 경우는 셀 수 없이 많다. 그 이유는 미래로 갈수록 평균적인 지성의 척도가 조금씩 더 높아지기 때문이다. 역시 기능적 측면의 지식이 아닌, 정신적 측면에서의 지성을 의미한다.

그렇다면 무엇이 진보인가를 제대로 고찰하기 위해서는 미래인의 시각을 볼 줄 알아야 한다. 또한 이러한 맥락에서 창조적 사고와 미래인의 시각은 깊이 연결되어 있으며, 창의적인 사람일수록 기존의 관념과 틀을 넘어서서 세상을 보는 경향이 강하다.

미래안(未來眼), 지혜의 원천

귀스타브 르 봉의 저서 『군중심리』를 보면 군중을 이끄는 리더들이 '미래를 내다보는 혜안이 없고, 앞으로 갖출 가능성도 매우 낮다.'는 대목이 있다. 미래를 내다보는 혜안, 즉 미래안(未來眼)이 결여된 국가의 지도자나 정치인들을 염두에 둔 통찰이다.

'미래안'이야말로 지혜의 원천이다. 이는 개인과 집단의 의식 수준 상승이 가져오는 긍정적 변화에 대한 비전이다. 이를 통한 의식의 상승이야말로 갈등과 폭력을 줄이고, 더 높은 차원의 협력과 사랑, 평화를 이루는 길이다. 여기서 '미래안'이라는 말은 단순히 시간이 흐른 뒤에 일어날 일을 예측하는 차원을 의미하는 것이 아니다. 진보적이고 혁신적인 시각을 바탕으로 현재를 재해석하고 미래의 변화를 읽는 통찰력을 뜻한다.

다만 여기서 말하는 진보란 정치적 성향에서의 '진보'와 같은 저급한 개념이 아니므로 오해가 없어야 한다. 기존의 전통이나 고정관념에 얽매이지 않고, 새로운 가능성을 탐구하며 변화를 능동적으로 수용하는 마인드를 뜻한다. 이런 태도를 가진 사람은 변화에 민첩하게 대응할 뿐 아니라, 자신이 속한 사회의 발전을 유도한다.

한 가지 예를 들어보자. 세계적인 역사학자 유발 하라리는 한 인터뷰에서 현대 사회의 공장식 축산을 21세기의 홀로코스트라고 지적했다. 그의 논리는 이렇다.

"현재 인류가 공장식 축산을 통해 동물들에게 가하는 잔혹한 행위는, 미래의 인류가 돌아봤을 때 유대인 학살과 견주어질 만큼 심각한 잘못으로 여겨질 것이다."

이는 육식 자체를 부정하는 것이 아니다. 예를 들어, 아마존 밀림에 사는 한 부족이 생존을 위해 동물을 사냥하는 것은 전혀 잘못된 일이 아닐 것이다. 다만 하라리는, 공장식 축산 시스템에서 태어나 일생 동안 최악의 환경에서 기계 부품처럼 다뤄지다가 참혹한 죽음을 맞이하는 동물들의 비극을 지적했다. 그 원인이 인간의 욕심, 즉 효율성과 돈 임을 말한다. 그는 이에 깊이 공감하여 채식주의를 선택했다.

혹자는 이것이 한 개인의 의견에 불과하다고 말할 수 있다. 그러나 1970년대의 대한민국과 현재의 대한민국을 비교해 보면, 어느 쪽이 동물권에 더 민감한가? 보신탕을 먹는 것에 거부감을 느끼는 사람들의 비율은 어느 쪽이 더 높은가? 이러한 변화를 보면, 사회는 단순한 우연이 아니라, 분명한 방향성을 가지고 필연적인 과정을 거쳐 변화하고 있다는 사실을 알 수 있다. 그렇다면 위에서 언급한 유발 하라리의 발언 역시, 어느 시점에는 현실이 될 가능성이 충분하다는 것을 유추할 수 있다.

진정한 지성은 공감 능력과 밀접한 관련이 있다. 세상의 연결성을 이해하고 전일적(holistic) 시각을 갖기 위해서는 공감 능력이 출발점이 되기 때문이다. 이는 미래를 예측하고 준비하는 데에도 중요한 역할을 한다. 고도의 지성과 선구적인 안목은 평균을 뛰어넘는 정신적 능력을 수반하며, 그로 인해 남들보다 한발 앞선 사고를 가능하게 한다.

1-7. 진정한 공감 능력

감수성이 예민한 사람들은 자신과 타인의 경계를 희미하게 느끼며, 세상 전체와의 정서적 연결을 크게 경험한다. 그래서 타인의 고통을 마치 자신의 아픔처럼 받아들이고, 때로는 죄책감이나 자기 반성의 감정으로 이어지게도 한다. 이러한 특성은 현실의 부조리와 불의에 민감하게 반응하는 이들에게서 자주 나타나며, 감정을 억누르거나 우울감에 취약한 모습을 보이기도 한다.

저명한 정신의학자 데이비드 호킨스는 그의 저서 『놓아버림』에서, 경건하고, 악의가 없는 사람들일수록, 즉 진실과 선의를 추구하는 이들이 더 많은 죄책감에 사로잡히는 경향이 있다고 분석한 바 있다. 정신이 깨어날수록 세상의 부조리와 모순을 더 명확하게 인식하게 되며, 그로 인해 내적 갈등을 겪는 경우가 많다는 것이다. 이는 역사적으로 위대한 사상가, 예술가, 혹은 문학가들에게서도 종종 발견되는 특징이다.

정신적 깨어남을 어느 정도 경험하게 되면 인간이 가장 먼저 깨닫는 것은 생명의 소중함이다. 생명의 모든 표현이 갖는 내재적 가치가 더욱 선명하게 보이며, 이는 자연스럽게 인권, 동물권, 환경 보호 등의 가치로 이어진다. 따라서 채식주의자가 될 가능성도 높아진다. 나 또한 동물권을 이유로 약 5년간 채식을 실천한 바 있다. 그러나 이 대목에서 많은 오해가 발생한다. 그 본질을 제대로 이해하기 위해, 채식을 실천하는 세 명의 사례를 살펴보자.

A. 동물들이 겪는 고통이 자신의 가슴을 깊이 파고들 정도로 강하게 느껴진다. 공장식 사육과 학대 및 잔인한 도살 등, 인간이 동물들에게 저지르는 행위에 대해 극도의 죄책감을 경험하고, 자연스럽게 고기를 먹을 수 없게 되었다.

B.불교 승려가 되기 위해 속세를 떠났다. 불교라는 조직의 일원이 되었으므로, 해당 조직의 규율을 철저히 준수해야 한다. 따라서 고기를 먹지 않는다.

C.어머니가 동물 보호 단체에서 활동하고 있다. 어린 시절부터 고기를 먹는 것은 나쁜 행위라고 철저히 교육받았다. 이에 따라, 고기를 먹는 것은 무조건적으로 악하다는 신념이 형성되었다.

이 중 'A'유형의 사람은 타인에게 채식을 강요하지 않는다. 자신이 느끼는 깊은 수준의 연결성을 보통 사람들은 쉽게 체험하지 못한다는 것을 알기 때문이다. 또한, 각자의 삶에는 각자의 배움과 성장이 필요한 시간이 있다는 점을 이해하기 때문에, 강요가 아닌 자연스러운 인식을 중시한다.

반면, 'C'유형의 사람은 채식을 타인에게 강요할 가능성이 가장 높다. 이들은 선과 악을 이분법적으로 바라보며, 자신의 신념을 절대적인 도덕적 기준으로 삼는다. 따라서 맥도날드 앞에서 햄버거를 사서 나오는 사람들에게 고함을 지르거나, 심지어 타인의 햄버거를 집어 던지는 등의 과격한 시위도 서슴지 않을 수 있다. 이는 '선'이라는 가치를 진정으로 깨달은 것이 아니라, 단순히 이데올로기로 학습한 결과이기 때문이다.

즉 'A'와 'C'는 얼핏 '비슷한 궤적'을 공유하는 듯 보이지만, 본질적으로는 전혀 다른 유형이다. 여기에서 중요한 통찰이 나온다. 현재 한국의 좌파 정치 세력이 '진보'를 이해하는 방식은 'C'의 수준에 머물러 있는 상태다. 이 '크나 큰 차이'를 꿰뚫어볼 수 있어야 진정한 진보의 개념을 이해할 수 있다. 그렇지 않다면, 세상을 천국으로 만들겠다는 미명 아래 오히려 지옥을 조장하는 데 일조하게 될 뿐이다. 그래서 나는 'C'유형의 인간을 진보가 아닌 '진보 호소인'이라 부른다.

제2장
의식 수준의
진화

2-1 의식 수준이란 무엇인가?

이 책에서는 '의식 수준'이라는 용어가 자주 등장한다. 그런데 이 개념이 정확히 무엇을 의미하는지 감이 오지 않는 독자들도 있을 것이다. 많은 사람들이 이를 '시민의식'과 동일한 개념으로 착각하지만, 엄연히 다른 개념이다. 정해진 규율을 잘 지키는 것이 반드시 의식 수준이 높다는 것을 의미하지는 않기 때문이다.

이를 설명하기 위해 한 가지 사례를 들어보자. 코로나19 팬데믹 당시, 한국 국민들은 유독 마스크 착용을 철저히 지키는 것으로 유명했다. 공공 장소에서든, 실외에서든, 마스크를 착용하는 것이 거의 의무화된 분위기였다. 반면, 서구권에서는 한국처럼 마스크 착용에 극도로 집착하는 나라는 없었다. 예를 들어, 스웨덴은 소위 '집단 면역'방식을 택하며 마스크 착용을 크게 강요하지 않았다. 또, 내가 거주하던 호주에서도 정부에서 마스크 착용을 권고했지만, 이를 따르지 않는 사람들이 많았다. 규율 자체가 유연하게 적용되었고, 개인의 자유와 선택을 존중하는 분위기가 강했기 때문이다.

그러나 흥미로운 것은, 2022년 내가 한국을 방문했을 때 목격한 장면이었다. 대중목욕탕에 들어가려는데, 입구에서 '마스크를 반드시 착용해야 한다'는 안내를 받았다. 아이러니한 것은, 목욕탕 내부에서는 결국 마스크를 벗어야 했다. 즉, 옷을 벗기 전까지는 마스크를 착용해야 했지만, 정작 목욕을 할 때는 벗어야 했고, 목욕을 마친 후 다시 옷을 입으며 마스크를 착용해야 하는 매우 우스꽝스러운 상황이었다. 이것이 과연 본질적으로 의미 있는 행동이었을까?

그런데도 당시 한국인들은 '우리는 마스크를 가장 잘 쓰는 나라'라며 스스로를 자랑스럽게 여기는 분위기가 있었다. 이 규칙이 왜 존재하는지, 그것이 합리적인지, 본질적인 가치를 고려한 결정인지 등 아예 문제 의식을 가질 수도 없는 사회 분위기였다. 그런 문제 제기를 하는 사람은 '악마'로 분류될 것이 뻔한 압박감이 작동했다. 이처럼 단순히 '시키는 대로 잘 따르는 것'이 시민의식의 척도라면, 이는 높은 의식 수준과는 전혀 관계가 없는 문제다. 쉽게 말해, 당시의 한국 사회가 스웨덴과 호주보다 더 의식 수준이 높고 진보적인 국가였다고 말할 수 있는가? 본질은 사라지고, 형식만 남은 규율을 맹목적으로 따르는 것은 진정한 의미의 '의식 수준’과는 거리가 멀다.

사실 ‘의식’을 한 마디로 정의하기란 매우 어렵다. 심리학, 신경과학, 철학 등 다양한 분야에서 의식이 무엇이며 어떻게 생겨나는지에 대한 논의가 계속되고 있지만, 여전히 그 본질을 완벽하게 설명하기란 쉽지 않다. 샘 해리스의 저서 『거인의 통찰』에는 ‘의식을 정의하기란 무척 어렵지만, 정신과 세계에 관한 주관적인 경험이라고 할 수 있다.’는 대목이 있다. 하지만, 여전히 뭔가 뜬구름 잡는 느낌이 든다.

그래서 나는 의식 수준을 보다 직관적으로 이해할 수 있도록 ‘영혼의 나이’(Soul Age)라는 개념을 빌려 설명하고자 한다. 이 개념을 활용하면, 의식을 하나의 발전 과정으로 이해할 수 있으며, 개인마다 다른 의식 수준을 보다 쉽게 설명할 수 있다. 즉, 의식을 단순한 신경 작용이나 인지의 결과로 보는 것이 아니라, 영적 성장 과정 속에서 확장되는 지각의 범위로 해석하면 더 쉽게 이해할 수 있다. 결국, 의식이란 단순히 사고하고 인지하는 기능이 아니라, 자신과 세상에 대한 깊은 이해를 의미하는 것이기 때문이다. 물론 당신이 영혼과 윤회의 개념을 믿는지 안 믿는지는 여기서 전혀 중요한 문제가 아니다. 이 개념을 소개하는 목적은 의식 수준이라는 개념을 좀 더 쉽게 이해시키기 위해 영혼의 성숙도라는 개념을 빗대어 설명하고자 함이다.

영혼의 나이

영성계에서는 "소울 에이지(Soul Age)"라는 개념이 비교적 잘 알려져 있다. 이는 뉴에이지 사상과 영적 철학에서 자주 등장하는 개념으로, 영혼이 여러 생을 거치며 성장하고 성숙해진다는 아이디어를 기반으로 한다. 이 개념에 따르면, 모든 영혼이 윤회의 과정을 거치며 점차 영적 성장을 이루고, 그 과정에서 의식 수준과 지각 능력 또한 함께 발전한다고 주장한다. 요컨대, 영혼은 특정한 단계별로 독특한 특성을 드러내며, 이들이 주로 모이는 장소도 국가나 도시별로 어느정도 일정한 경향을 보인다는 것이 이 이론의 핵심이다.

물론, 이 이론이 절대적인 진리라고 주장할 수는 없다. 영혼이나 윤회라는 개념 자체에 거부감을 가지는 사람들이 많은 것이 현실이며, 이러한 개념은 종종 비과학적이라는 비판을 받는다. 특히, 과학적 증거가 중시되는 현대 사회에서 이러한 이론은 쉽게 논쟁의 중심에 설 수 있다. 그럼에도 불구하고, 이 이론이 인간의 심리와 행동을 설명하려는 또 다른 도구로 사용될 수 있다는 점은 충분히 주목할 만하다.

우리는 흔히 인간의 성향과 행동을 단순한 생물학적 요인이나 환경적 요인으로 설명하려 한다. 그러나 소울 에이지 이론은 인간 내면의 더 깊은 차원, 즉 영적 성장과 의식의 진화를 고려함으로써 보다 총체적인 이해를 가능하게 한다. 이는 단순히 물질적 세계에 국한되지 않고, 인간 경험의 다층적이고 복합적인 본질을 탐구하는 데 있어 중요한 시사점을 제공한다. 비록 과학적 증명을 통한 엄밀한 논증은 불가능할지라도, 이 이론이 제시하는 통찰은 우리의 삶과 인간 본질에 대해 새로운 생각을 열어줄 수 있다. 무엇보다도 그 내용을 자세히 살펴보면 인간의 각기 다른 인식과 의식의 층위를 매우 잘 분석한 것은 자명하다. 그 내용을 짧게 정리하여 소개하고자 한다. 물론 이 내용을 곧이 곧대로 받아들이라는 의도가 아니다. 영혼이나 윤회의 개념을 전혀 믿지 않는 사람이라면 '영혼의 나이'를 '의식 수준의 단계'로 치환해서 이해해보기를 권한다.

1단계 : 영아 영혼(infant soul)

이 단계에 있는 사람은 주로 물리적 생존을 위한 본능적인 투쟁에 휘말려 있다. 이들은 대개 원시적인 환경에서 태어나며, 기근, 역병, 자연재해, 포식자의 위협 등 생존과 관련된 위협을 계속해서 경험한다. 이들의 삶은 생존을 위한 활동에 집중되어 있으며, 사냥이나 식물 채집, 피난처 구축 등이 중요한 일상이다. 이 단계의 사람들은 자연과 깊은 연결을 느끼며, 가족이나 부족과 하나가 되어 공동체 속에서 살아가는 경향이 있다. 이들은 기본적으로 생명을 유지하는 데 필요한 모든 활동을 우선시하고, 때로는 극단적인 자기 방어나 폭력적인 반응을 보일 수 있다. 감정적으로는 대체로 직관적이고 단순하며, 사랑이나 성적 관계는 생존의 수단에 불과한 수준에 그친다.

이 단계에서는 지적 개념이 제대로 잡히지 않기 때문에 윤리나 개인적인 도덕에 대한 감각은 부족하다. 대부분 동물적인 본능에 따라 움직이며, 고도로 발달한 문명이나 복잡한 사회구조에 적응하는 데 어려움을 겪는다. 의식 구조는 매우 단순하고 주변 환경이나 타인과의 관계에서 복잡한 감정이나 윤리적인 문제를 이해하는 데 한계가 있다. 보통 기후가 일정하고 생존하기 유리한 지역, 즉 열대 지방에서 태어나는 경향이 있다. 남태평양, 아프리카, 남미나 동남아시아 일부 지역에서 주로 나타나며, 중동 지역에도 많이 포진해있다. 이들이 문명 사회에 태어난다면 적응하기 힘들어하고, 종종 외딴 지역으로 숨어들기도 한다. 복잡한 기술이나 직업을 소화할 수 없어서 사회의 가장자리에서 살아가며, 종종 능숙하지 않거나 사회적 규범에 맞지 않는 존재로 보이기도 한다.

2단계 : 유아 영혼 (baby soul)

세상에 대한 이해와 탐색에 있어 초기 단계의 경험을 바탕으로 자신들의 신념을 조금씩 만들어가는 시기다. 이들은 세상에 대한 객관적인 시각을 점차 갖추기 시작하지만, 여전히 스스로 사회를 이끌거나 변화를 주도하는 데는 어려움을 겪는다. 그들은 권위 있는 사람이나 사회적 규칙을 따르는 것이 더 편안하고 안정감을 느낀다. 따라서 전통적이고 규칙적인 삶을 선호하며, 세상의 질서와 명확한 경계를 중시한다. 아직 의식 수준이 낮기에 사고 방식이 편협하고 세계관이 지엽적이다. 따라서 대중 세뇌나 선전, 선동, 도그마 등에 가장 쉽게 또 강하게 빠져드는 단계다. 따라서 정치적으로는 극좌나 극우 성향, 또는 특정 종교나 관념, 신념 등을 맹신하는 경향 등이 강하다. 물론 생물학적 나이와는 아무런 상관이 없다.

법과 질서는 그들에게 안정감을 주며 사회 내에서 충실히 역할을 다하려고는 한다. 하지만 무엇이 옳고 그른지에 대해 확고한 기준을 가지고 있기에 이분법적으로 세상을 바라본다. 따라서 자신들의 신념이나 가치관을 위협하는 의견에 대해 혼란스러워하거나 적대적인 태도를 취할 수 있다. 이러한 특성은 역사적으로 종교 전쟁이나 이단 심판과 같은 갈등에서 드러났다. 또한 이들은 정해진 규칙을 어길 경우 위반자에게 처벌이 필요하다고 생각한다. 이 단계의 사람들은 대개 자아 성찰의 개념을 깊이 이해하지 못하며, 사회적 규범과 전통, 법적 틀을 따르는 데 집중한다. 가족이나 조직 그리고 소속감과 안정감 등의 가치를 매우 중요하게 여긴다. 이러한 것들을 통해 안정을 얻고 삶의 의미를 찾는다.

3단계 : 젊은 영혼 (young soul)

이 단계에 있는 사람은 세상에서 자신이 얼마나 강력해질 수 있는지 입증하려 한다. 대개 자신이 목표를 달성하고 다른 사람들과의 경쟁에서 승리하기 위해 강력한 의지를 보인다. 이들은 대부분 외부 세계에서 인정받고 싶어 하며, 사회적, 경제적 성공을 통해 자신의 존재를 확립하려 한다. 목표를 향한 집착과 경쟁은 이들의 삶에서 중요한 동기가 된다. 또한 자신이 세상에서 어떻게 보일지를 항상 고민한다. 그들은 성공적인 이미지를 구축하기 위해 명품, 고급 주택, 명문 대학 졸업장, 고급 자동차 등과 같은 상징들을 선호한다. 외부적으로는 멋지고 세련된 이미지를 갖추려 하며, 이는 자신이 성공했다는 것을 사회에 알리는 방법으로 여긴다. 이러한 상징들로 다른 사람들에게 영향을 미치고, 자신이 더 높은 위치에 있다는 것을 입증하려 한다.

다른 사람들과의 관계는 본질적으로 경쟁적이며 윤리적 고민을 떠나,

결과만을 중시하는 경향이 강하다. 이들은 종종 즉각적인 해결책을 찾고, 문제를 빠르게 해결하려는 성향을 보이기에 사회에서 말하는 '좋은 일꾼'이나 '엘리트'가 되기에는 적합할 수 있다. 정치나 종교 조직 등의 리더가 많다.

이들의 비전은 종종 양적 성장에 집중되며 물질적 성공을 추구하는 과정에서 정신적 진전보다는 효율성과 실용성을 우선시하는 경우가 많다. 따라서 깊은 철학적 고뇌나 자아성찰 등에 대해 관심을 갖기보다는, 자신이 실용적인 이득을 얻을 수 있는 영역에 집중하는 경향이 있다. 따라서 이들의 관점은 개인적, 직업적, 조직적 이득을 중심으로 형성된다. 한국 사회의 경우 주로 2단계와 3단계에 속하는 사람이 주를 이루고 있기에 이 정도 수준의 사람이 적응하기에 가장 적합하다.

4단계 : 성숙한 영혼 (mature soul)

이 단계 부터는 보통 사람들이 이해하기가 힘들 수 있다. 영혼의 성숙 단계에 들어서면 물질적인 성공을 넘어서서 존재의 진정성을 찾고자 하는 욕망이 강하게 일어난다. 부와 명예, 권력 등으로는 더 이상 만족할 수 없으며, 그런 것들이 진정한 의미를 가진다고 생각되지 않는다. 모든 것이 과연 무엇을 위한 것인지에 대한 의문이 주체할 수 없을 정도로 일기 시작한다. 이 시기에는 내면의 목소리에 더 귀를 기울이게 되며, 본질을 따지고 진리를 추구하는 단계로 접어든다. 이때부터 사람들은 더 이상 물질적이고 표층적인 것에만 집중하지 않으며, 자신의 존재 목적과 의미를 찾아가는 여정에 나선다. 조금씩 에고에서 벗어나기 시작한다는 의미다.

가장 뚜렷한 특징 중 하나로 영적인 차원에 눈을 뜨게 되며, 내면 탐험과 성장을 강하게 경험한다. 그 과정이 매우 혼란스럽고, 정신적인 스트레스가 크기에 우울증, 조울증, 조현병 증세등이 가장 많이 동반되는 단계이기도 하다. 반면 이 시기에 겪는 고뇌는 새로운 차원의 인식을 가져다주는 경우가 많아서 놀라운 통찰력과 창조성을 발휘하기도 한다. 자신이 경험하는 내적 갈등과 혼란 속에서 새로운 차원의 깨달음을 얻고, 그 경험을 통해 자신만의 창조적 작업을 수행하려는 경향이 강해지기 때문이다. 따라서 위대한 사상가, 작가, 예술가가 이 단계에 가장 많이 모여 있다. 물론 이 단계에서도 권력이나 승리를 추구하는 경향은 어느 정도 남아 있지만, 진실성이나 진정성을 중시하기에 위선이나 모순, 얄팍한 수 등의 키치를 극도로 혐오한다. 이는 세속적인 차원의 성공을 하기에는 확실히 불리한 특성이다.

5단계 : 나이든 영혼 (old soul)

사실 상 세상에 미련을 버리는 단계에 접어든 영혼이다. 이들은 이미 셀 수 없을 정도로 많은 생애를 경험한 후, 이제 물질적이며 저차원적인 세계에 대한 흥미를 잃고 진정한 내향적이고 영적인 여정을 시작한다. 외적인 명예나 성공보다는 내면의 평화와 진리를 추구한다. 그렇기에 대개 자기 자신의 영적 깨달음을 위해 살아간다. 직업으로서 종교인이 된다는 것과는 결이 다르다. 이들은 존재의 의미와 우주의 법칙을 탐구하며, 과거의 삶에서 얻게 된 교훈들을 자신의 본질에 통합시킨다. 웬만해서는 인간 세상의 게임과 법칙에 끌려들지 않으며, 다양한 문화와 계층을 경험한 뒤 그 경험들이 자신에게 융합되어, 이제는 모든 사람들이 하나의 전체의 일부임을 깊이 깨닫는다. 이러한 큰 그림을 이해한 후, 다른 사람에게 해를 끼치지 않으며, 더 이상 판단하거나 간섭하려 하지 않는다.

당연히 물질적 가치보다는 영적 가치에 더 큰 비중을 두며, 경우에 따라 물질 세계에 대한 관심을 완전히 끊어버리기도 한다. 얼핏 수동적이고 게을러 보일 수 있지만, 이는 단지 내면의 평화와 존재의 중심을 추구하기 위한 선택일 뿐이다. 그들은 사회의 요구나 기대보다는 자기 내면의 인식과 갈망을 따라 살며, 이러한 태도가 종종 다른 사람들에게 이상하게 비춰지기도 한다. 자타의 경계가 매우 낮아져 내가 곧 세상이고 세상이 곧 나라는 식의 관념이 극도로 발달한다. 따라서 깊은 인류애를 느끼거나 자연, 동물과의 교감이 매우 커지는 등 매우 고차원적인 수준의 공감능력을 가진다.

다시 한 번 알려두지만, 영혼의 나이는 다소 추상적인 개념이며, 절대적인 진리로 볼 수 없다. 또한 객관적으로 측정하거나 검증할 수도 없다. 그러나 현대 사회가 말하는 선진국일수록 4단계, 즉 성숙한 영혼이 지닌 특성을 가진 사람들의 비율이 높다는 점은 확실하다. 북유럽, 스위스, 캐나다와 같은 선진국에서는 개인의 권리, 다양성, 공감, 내면 성장 등을 중시하는 문화가 자리 잡은 경우가 많다. 이는 빈곤, 치안, 의료와 같은 기본적인 생존 문제가 어느 정도 해결된 환경에서는 사람들의 관심이 자연스럽게 내면 성장, 사회 정의, 철학적 고민 등으로 이동할 가능성이 높기 때문이다. 이러한 점에서 선진국 혹은 진보된 사회의 특성이 '성숙한 영혼 (Mature Soul)'이 가진 특징과 맞닿아 있다고 해석하는 것은 충분히 그럴듯해 보인다. 설사 영혼과 윤회의 개념을 믿지 않더라도 이를 '의식 수준의 층위'로 이해하면 보다 현실적인 개념으로 받아들일 수 있을 것이다.

2-2 의식 수준에는 위계가 있다

의식 수준이라는 개념이 중요한 이유를 조금 더 고찰해보자. 인간은 기본적으로 악한 사람이 매우 드물다. 다만, 자신의 지각 범위 내에서 괜찮다고 생각하는 일을 할 뿐이다. 예를 들어, 시골에 사는 한 할머니가 강아지를 한 마리 입양하여 마당에 묶어 두고 키우는 상황을 떠올려 보자. 그 강아지는 이후 15년간 죽을 때까지 1.5미터짜리 목줄에 묶여 살아간다. 이는 엄청난 수준의 동물 학대지만, 그 할머니는 본인이 저지른 일이 잘못된 것인 줄 모른다. 즉, 악해서 악행을 저지르는 것이 아니라 지극한 무지가 그 원인이다. 낮은 의식 수준을 기반으로 한 무지한 행동이 의도치 않게 남에게 해를 끼칠 가능성이 높다는 의미다. 따라서 세상에는 자신의 인식 범위 내에서 믿는 선과 정의, 양심 또는 적당함이 절대적인 기준이라고 믿는 착각이 넘친다.

데이비드 호킨스 박사의 저서 『의식 혁명』에서도 개개인마다 타고난 지각 범위의 레벨이 있으며, '지각은 이미 본인이 진실로 여기는 것을 확증해 준다'고 통찰한다. 쉽게 말해, 무의식적으로 끊임없는 자기 정당화의 사이클이 이루어지고, 그래서 만인은 자신의 행동과 신념의 바탕에 있는 관점에서 자신이 정당하며 문제가 없다고 느낀다. 역사적으로 수많은 전쟁과 갈등도 '정의'라는 명목 아래 일어났다. 종교적 신념, 국가적 이념, 도덕적 확신 등이 결합하면서 서로 다른 가치를 가진 집단이 대립했고, 너무나도 많은 무고한 사람들이 희생되었다.

하지만 당시의 가해자들은 대부분 자신이 악을 행하고 있다고 생각하지 않았다. 그들은 자신들의 신념이 올바르다고 믿었고, 이를 실현하는 것이 윤리적이라고 확신했다. 의식 수준이 높다는 것은, 단순한 도덕적 확신이 아니라 자신의 한계를 인식하고 끊임없이 배우려는 태도를 의미한다. 내가 믿는 가치가 절대적이지 않을 수 있으며, 세상은 다양한 관점으로 해석될 수 있다는 것을 깨닫는 순간, 우리는 더욱 성숙한 사고를 하게 된다.

각 단계별 세계관의 차이

'매슬로의 욕구단계이론'은 워낙 많은 책과 자기계발 영상에 인용되어 더이상 특별할 것 없는 이론처럼 여겨질 수 있다. 하지만 나는 이 이론을 조금 다른 관점, 즉 앞서 설명한 '영혼의 나이'개념과 상당 부분 일치한다는 점을 조명해보고자 한다. 매슬로의 욕구단계이론은 인간의 욕구가 단계적으로 구성된 위계 구조를 가진다는 심리학적 관점에서 출발한다.

매슬로는 인간의 욕구가 생존을 위한 가장 기본적인 필요에서 시작해 점차 심리적, 사회적, 그리고 궁극적으로 자기 실현과 같은 높은 단계의 목표로 나아간다고 설명한다. 하위 단계의 욕구가 충족되어야 상위 단계로의 동기가 발생한다는 것이 주요 개념이다. 기본적인 생리적 욕구는 인간이 살아가기 위해 필수적인 조건이며, 이 욕구가 충족되어야만 다음 단계로 나아갈 수 있다. 그 후 안전에 대한 욕구가 이어지고, 이는 신체적, 경제적 안전을 포함하며, 사람이 안정적인 환경에서 살기 위해 필요한 조건들을 뜻한다.

그다음 인간은 다른 사람들과의 관계에서 인정받고 싶어 하는 욕구를 가지며, 이는 친밀한 관계나 사회적 네트워크를 통해 충족된다. 그 후 존중의 욕구가 나타나며, 이는 자신이 타인에게 인정받고, 자존감을 유지하려는 욕구이다. 마지막으로 자아실현의 욕구가 최상위에 위치하며, 이는 인간이 자신의 잠재력을 최대한 발휘하고, 자기 자신의 목적과 의미를 찾는 욕구로 설명된다. 매슬로는 이 욕구들이 인간의 발달과 성장을 이끄는 중요한 심리적 동기라고 보았다. 기존의 이론에 개인적인 통찰을 약간 가미한 욕구 위계 7단계는 다음과 같다.

단계	핵심의 동기	중심적 가치
7단계	자기초월 욕구	자기 완성, 나눔, 자타의 경계 초월 등
6단계	자아실현 욕구	자유, 잠재력, 자기 충족, 내면 성장, 보람 등
5단계	인지적 욕구	앎, 지성, 지혜, 균형, 독립 등
4단계	존중감 욕구	성취, 지식, 인정, 투쟁, 명예, 체면 등
3단계	소속감 욕구	수용, 우정, 위계, 관계, 관심 등
2단계	안전감 욕구	집, 돈, 일자리, 안정감, 규칙, 규율 등
1단계	생리적 욕구	음식, 물, 잠, 배설 등

1~4단계의 경우 '결핍'을 베이스로 한 욕구다. 즉 이러한 것들은 외부에 의해 채워져야만 한다. 5단계 이상 부터는 내면의 본질적인 성장 동력이 작동한다. 얼핏만 봐도 알 수 있듯이 '영혼의 나이' 개념과 다른 용어와 표현을 쓸 뿐 그 결은 거의 같다. 이는 단순히 문화적 다름이나 성향 차이로 치부되는 많은 현상들도 사실상 영적 진전 또는 의식 수준의 위계와 연관되어 있음을 시사한다. 다시 말해, 각 사회가 중요하게 여기는 가치나 행동 양식은 그 사회의 집단적인 의식 수준을 반영한다고 볼 수 있다.

이러한 관점을 바탕으로 두 개의 서로 다른 사회, 예를 들어 한국과 노르웨이를 비교해보면 그 차이가 더욱 분명하게 드러난다. 생활 속에서 나타나는 몇 가지 쉬운 예를 들어 보자.

1. 결혼식에 대한 가치

한국 사회에서 결혼식은 단순히 개인적인 선택이 아니라 반드시 해야 하는 통과의례로 간주된다. 또한, 결혼식이 성대할수록 가족과 본인의 자랑거리가 된다는 인식이 강하다. 이는 사회적 체면과 위신을 중시하는 문화적 특징에서 기인한 것이다. 노르웨이에서는 결혼식을 반드시 해야 한다는 강박이 상대적으로 적다. 결혼식을 아예 하지 않거나 소박하게 하는 경우가 많으며, 이를 사회적으로도 자연스럽게 받아들인다. 이는 개인의 자유와 선택이 존중받는 환경에서 가능하다.

2. 나이 차이에 대한 위계

한국에서는 생물학적 나이 차이가 인간관계와 위계질서에 있어 중요한 기준으로 여겨진다. 심지어 한 살 차이도 위계 관계를 결정짓는 요소로 작용할 만큼 강력하다. 이러한 나이에 따른 위계질서는 한국 사회 전반에 걸쳐 깊이 뿌리내리고 있다. 노르웨이에서는 생물학적 나이가 인간관계에서 중요한 요소로 간주되지 않는다. 나이에 관계없이 서로를 동등하게 대하며, 이를 통해 수평적인 인간관계를 형성한다.

3. 물질적 지위에 대한 집착

명품, 고급 자동차, 더 넓은 평수의 집과 같은 물질적 요소는 한국에서 중요한 사회적 가치를 나타낸다. 이는 체면 문화와 결부되어 있으며, 사람들은 이러한 물질적 요소를 통해 자신의 사회적 지위를 확인받으려는 경향이 있다. 노르웨이 사람들은 이러한 물질적 요소보다는 삶의 질, 환경, 그리고 개인적인 만족을 더 중요시한다. 명품이나 고급 자동차, 넓은 집 등에 대한 집착이 '상대적으로' 적다.

4. 규칙과 관습의 절대적 중요성

한국 사회에서는 국가, 학교, 조직 등에서 정한 규칙을 매우 중시하며, 이를 반드시 준수해야 한다는 인식이 강하다. 이러한 경향은 개인의 자율성보다는 집단의 안정성과 소속감을 우선시하는 문화적 배경에서 기인한다. 노르웨이에서는 개인의 선택과 자유, 그리고 상대적인 사고방식을 더욱 중시하는 경향이 있다. 규칙과 관습을 절대적인 것으로 여기지 않는다. 규칙을 존중하되, 필요에 따라 유연하게 적용하는 사고방식이 일반적이다.

5. 이분법적 세계관

'우리편 아니면 적'이라는 양극단적인 사고방식이 한국 사회에 만연해 있다. 이는 지역감정, 정치적 대립, 젠더 갈등 등 다양한 사회적 갈등에서 두드러지게 나타난다. 이러한 이분법적 사고는 한국 사회의 구조적인 특징 중 하나다. 노르웨이 사람들도 인간이기에 이분법적 세계관에서 완전히 자유로울 수는 없지만, 한국 사회와 비교했을 때 이러한 갈등의 정도가 훨씬 덜하다. 사회적 대립이 적고, 양극성이 완화되어 있어 상대적으로 평화로운 분위기를 유지한다.

이러한 비교를 통해 우리는 단순히 '다름'으로 치부했던 것이 사실상 그 뿌리를 캐보면 '성숙의 정도'또는 '의식 수준의 차이'였다는 것을 어렵지 않게 짐작할 수 있다. 그렇다면 만약 노르웨이에서 일반적으로 수용되는 의식 수준을 가진 사람이 한국 사회에서 태어나고 살아가게 된다면 어떤 기분일까? 일평생 답답함과 부조화를 느낄 가능성이 크다.

이는 단순히 문화적 차이에서 오는 불편함을 넘어, 자신의 내면적 가치관과 외부 환경이 지속적으로 충돌하는 상황에서 오는 심리적, 정서적 갈등 때문일 것이다. 그리고 그 사람은 한국 사회에서는 '이상한 사람' 또는 '특이한 사람'으로 분류되기 쉽다. 다수의 사람들이 공유하는 집단적 사고방식에서 벗어난 개인의 특이성이 부각되기 때문이다. 그러나 이러한 특성은 단순히 괴짜나 이질적인 사람으로 치부될 문제가 아니라, 오히려 더 높은 의식의 층위에 속해 있을 가능성도 고려해야 한다.

반대로, 위에서 언급된 한국인의 본질적 특성을 함께 공유하면서 내가 진보네, 네가 보수네 따지고 분류하는 것은 아무런 의미가 없다. 지금 대한민국 사회에서 일어나고 있는 우스꽝스러운 일이 바로 그것이다. 진보라는 개념을 가슴으로 받아들이고 깊이 있게 체득한 것이 아니라 흉내만 내고 있기 때문이다.

의식 수준의 위계라는 개념은 단순히 문화적 차원을 넘어 각 사회의 사고방식과 가치관을 이해하는 데 있어 유용한 틀이 될 수 있다. 이 개념을 통해 우리는 단순히 다름을 넘어선 깊은 차이를 이해하고, 그것이 개인적 또는 사회적 발전과 어떤 관련이 있는지 탐구할 수 있다. 더 나아가, 의식 수준의 차이를 인정하고 제대로 이해함으로써, 서로 다른 사고방식을 가진 사람들 간의 갈등을 줄이고, 더 조화로운 사회를 만들어 갈 수 있는 가능성을 열어줄 수 있다.

2-3 의식의 벽 : 변화 하지 않는 이유

2022년, 당시 한국의 대통령과 베트남 국가주석의 차담 당시 있었던 일이다. 동석한 영부인이 다리를 꼬고 슬리퍼를 신은 모습이 공개되며 논란이 일었다. 특히 민주당 인사가 운영하는 것으로 알려진 페이스북 계정에서 이를 비꼬는 글을 올려 주목을 받기도 했다. 그러고 보면 문재인 대통령 집권 당시에도 비슷한 일이 있었다. 그때는 반대 상황이었다. 기자 회견에서 한 외신 기자가 다리를 꼬고 앉은 모습이 집중 조명되었고, 당시 친여 성향의 언론이 대통령 앞에서 예의가 없다며 난리 법석을 떨었다.

또 다른 헤프닝도 있었다. 2019년 청와대 영빈관에서 열린 신년기자 회견장에서 경기방송의 김예령 기자가 던진 질문이었다.

"(중략)대통령께서 현 정책에 대해서 기조를 바꾸시지 않고 변화를 갖지 않으려는 이유에 대해서도 알고 싶고요. 그 자신감은 어디에서 나오는 것인지, 그 근거는 무엇인지 단도직입적으로 여쭙겠습니다."

이 질문 이후의 후폭풍은 어마어마했다. 많은 민주당계 인사들과 좌파 언론은 건방지고 무례하다는 비판을 쏟아냈다. 심지어 이 질문을 한 기자를 무식하다고 비난하는 경우도 있었다. 해당 여기자는 결국 사직했고, 이후 1년여가 지나고 난 뒤 〈미디어오늘〉과의 인터뷰에서 그 전말을 밝혔다. 당시 여권인사들이 보도부문 사장에게 여러차례 이 사건을 언급하고 불쾌감을 드러냈다는 것이다. 그리고 얼마 지나지 않은 2020년 3월, 경기 방송은 결국 폐업 수순을 밟았다.

한국 좌파의 사고방식이 고착되는 문제는 진보적인 가치나 이념이 형식적인 변화에 그치면서 발생한다. 진보라는 탈을 쓰고 겉으로는 변화와 혁신을 내세우지만, 정작 사고방식은 지극히 '꼰대적'이라는 것이다. 이처럼 본질적인 사고의 전환 없이 겉모습만 변화하려는 모습은 결국 진보적인 가치나 사상이 표면적인 것에만 집중하게 만든다. 결국 한국 사회의 모습을 보면 진보라는 가치가 단기적인 정치적 이득이나 자기 합리화를 위한 수단으로만 활용된다. 단언컨대, 진보적 가치의 의미를 가슴으로 온전히 이해하는 좌파 정치인은 단 한 명도 없다.

사회의 변화와 발전을 이끌어가는 데 중요한 요소는 사고방식의 유연성과 지속적인 발전이다. 하지만 특정한 이념을 고수하는 사람들이 종종 사고의 유연성을 잃고 기존의 틀을 벗어나지 못하는 경우가 많다. 더욱이 이들은 사고의 틀을 벗어날 생각을 하지 않기 때문에, 특정한 사안이나 문제를 전반적이고 종합적인 관점에서 바라보지 못하고 단편적인 시각으로만 생각하게 된다. 바로 이 점에서 '일차원적인 신념'의 위험이 드러난다.

사실, 좌파냐 우파냐 혹은 누구 편이냐는 전혀 의미가 없다. 권력에 취한 이들은 기득권을 지키기 위해 새로운 목소리를 배척하고, 시대에 뒤떨어진 사고방식을 고집한다. 문제 해결을 위한 진정성 있는 노력 대신, 이미지 관리와 인기 영합에만 몰두하며 실효성 없는 정책들이 반복적으로 등장한다.

지난 수십 년간 이어져 온 꼰대 문화와 엘리트 의식의 결합은 정치권의 자기 개혁 능력을 완전히 마비시켰다. 급변하는 세계의 흐름을 제대로 이해하지 못하면서도, 마치 따라가고 있는 것처럼 겉치레만을 반복하는 문화가 뿌리내렸다. 그렇게 한국의 정치판은 실질적인 혁신을 외면한 채 표면적인 변화에만 집착하게 되었다. 좌파와 우파, 결국 양쪽 모두 뒤처진 세계관 속에 머물러 있는데, 도대체 누가 진보고 누가 보수란 말인가?

일차원적인 신념

영국의 역사학자 폴 존슨의 저서 『지식인의 두 얼굴』에는 마르크스의 성격을 분석한 내용이 나온다. 대충 요약하자면 마르크스는 유달리 병약했다. 운동을 하지 않았고, 항상 과식을 했으며 자극적인 음식을 좋아했다. 골초였고 매일 같이 독한 맥주를 마셔 간도 나빴다. 목욕도 세수도 자주 하지 않았다. 그런 그는 종기를 달고 살았고, 이는 그의 원래 신경질적 성격을 더욱 강화했다. 그는 매우 자기중심적이었으며, 자신에 대해 비판하는 것을 아주 사소한 것이라도 참을 수 없는 독재자적 성격을 지니고 있었다. 계획적이고 체계적인 생활을 하는 데에는 젬병이라 자산 관리를 잘 하지 못했다. 이러한 심리적인 좌절과 열등감이 자본주의와 고리대금업에 대한 분노를 키웠다. 마르크스는 자신이 싫어하는 것에 반대하는 것이 곧 정의며 윤리라고 간주하는 경향이 있었다. 여기서 폴 존슨의 예리한 통찰이 등장한다. 저자는 마르크스의 사상이 '치밀하지 못한 사람들에게 큰 매력을 주었다.'고 분석한다.

일차원적인 신념이 무서운 이유는, 한 번 편향성이 형성되면 그것을 극복하기 어려워진다는 점이다. 편향된 신념을 가진 사람은 상황을 큰 그림이나 연속적인 맥락에서 이해하는 대신, 하나의 방향으로만 바라보게 된다. 이는 결국 '인지적 왜곡'을 초래하며, 복잡한 상황이나 문제를 단순한 하나의 관점으로 축소해 버린다. 이러한 사고 방식은 특정한 문제나 사안을 왜곡되게 바라보게 만들며, 진실이나 본질에 대한 이해를 방해한다.

예를 들어, 광우병 파동 당시의 대표적인 선동 구호는 '미국산 쇠고기 먹으면 머리에 구멍 난다'였다. 어떤 사안의 본질과 맥락을 왜곡하여 사람들에게 두려움을 심어줬다. 시간이 많이 지났지만 지금도 여전히 일부 맘 카페에서 미국산 쇠고기를 먹어도 되는지 등의 질문이 올라오곤 한다. 사람들이 전체적인 맥락이나 과학적 사실을 무시하고 단편적인 주장에 쉽게 매몰되기 때문이다. 또, 사드 배치를 하면 뇌가 튀김이 된다거나 세월호 사건은 인신 공양이라는 등의 어처구니없는 말들이 힘을 받기도 했다.

이와 같은 선동 구호들은 보통 부정적인 면을 극대화시켜 강조한다. 이는 사회의 전체적인 인과적 질서에서 부정적인 면을 하나 딱 떼어내어 그것을 증폭시켜서 사람들의 감정을 자극하는 방식이다. 이것은 진보가 아니다. 오히려 그 반대다. 이렇게 강하게 고착된 신념은 바꾸기 어려우며, 이를 극복하기 위한 노력 없이 그 신념에만 집착하게 된다. 결국, 이러한 신념은 자신과 사회에 대한 깊은 이해를 방해하며, 더 나아가 사회적인 갈등과 불화를 증대시키는 결과를 초래하게 된다.

한 번 맞다고 믿은 것이 영원히 맞는 것인가?

영국의 철학자 칼 포퍼는 그의 저서 『열린 사회와 그 적들』에서 '진보적 운동은 사회에 대한 유기체적 이론을 널리 퍼뜨려야 한다'고 통찰했다. 이는 단순히 구조적인 접근이 아닌, 사회를 살아 있는 유기체처럼 이해해야 한다는 뜻이다.

사회의 각 구성원과 제도, 그리고 가치들이 서로 영향을 주고받으며 복합적으로 얽혀 있다는 전제를 바탕으로 할 때, 진보적인 사유란 끊임없이 변화하는 사회적 맥락 속에서 사고를 유연하게 재조정하는 능력을 의미한다. 그렇기에 진정한 지성인은 과거에 자신이 옳다고 믿었던 가치나 관점을 절대적인 진리처럼 고집하지 않는다. 오히려 그는 새로운 맥락과 현실 속에서 그 믿음을 끊임없이 의심하고, 자신의 생각을 유연하게 업데이트한다. 하지만 많은 이들은 '한 번 옳았던 것이 항상 옳다'는 태도에서 벗어나지 못한다. 그것이 개인의 신념이든, 정치적 이념이든, 문화적 관습이든 말이다.

예를 들어, 2023년 한국 육군의 한 부대에서 발생한 충격적인 사건이 있다. 부사관으로 복무 중이던 군인이 상관인 장교를 폭행한 것이다. 더욱 충격적인 건 이 폭행이 단독 행위가 아닌, 두 명의 부사관이 한 명의 장교를 집단적으로 폭행한 사건이라는 점이다. 한 명은 장교의 몸을 뒤에서 붙잡고, 다른 한 명은 복부를 주먹으로 수차례 가격했다. 이는 단순한 하극상을 넘어선 범죄이자, 군 내 위계 질서의 뿌리를 뒤흔드는 폭력 행위다.

그럼에도 불구하고 해당 부사관은 법원에서 집행유예를 선고받았다. 이 결과는 많은 국민들에게 충격과 당혹감을 안겼다. 만약 이 사건이 1980년대, 군의 위계가 절대적이던 시절에 일어났다면 상상조차 할 수 없는 일이었을 것이다. 물론 당시 군대 문화는 지나치게 경직되어 있었고, 인권이라는 가치가 절실히 요구되던 시대였다. 그래서 우리 사회는 잘못된 문화에서 벗어나기 위해 수많은 개혁을 시도해왔다.

그러나 개혁이라는 이름으로 진짜 중요한 가치까지 훼손해도 되는 것일까? 인권이라는 명분 아래, 기본적인 질서와 규율마저 무너져도 괜찮은가? 이 사건에 대해 한국계 호주인 지인의 의견을 들어보았다. 호주 해군 장교로 복무 중인 그의 반응은 단호했다. "호주에서는 무조건 감옥 갈 거야." 한 마디였다. 진보적 가치가 더 깊게 자리잡은 호주에서도, 군대 내 질서 유지만큼은 철저히 지켜진다는 뜻이다.

이와 같은 왜곡된 진보의 모습은 군대에만 국한되지 않는다. 학교 현장에서도, 학생이 교사를 폭행하는 사건들이 점점 늘어나고 있다. 교사의 권위는 약화되고, '학생 인권'이라는 이름 아래 거의 모든 행동이 정당화되는 분위기 속에서 교육은 점점 무너져가고 있다. 한국에서는 경찰 역시 범죄자의 인권을 고려해야 한다는 이유로, 위급 상황에서도 총기 사용을 망설이게 된다. 마약에 비교적 관대한 것이 진보라는 어처구니 없는 관념도 널리 퍼져있다.

조두순은 폭행, 강간, 아동 성범죄 등 중범죄를 저지른 전과19범이다. 그는 8세 여아를 화장실로 끌고 가 성폭행하기도 했다. 이런 인물도 적당히 징역을 살고 다시 사회에 나와 잘 살고 있다. 범죄자의 인권이 너무 중요한 세상이 되어버렸다. 우리는 질문해봐야 한다. 언제부터 극도의 무질서를 너그럽게 포용하는 것이 진보의 상징처럼 포장되었는가? 악질 범죄자들에게 관대한 처벌이 진보적 가치라고 여겨진 걸까?

진보란 단순히 체계를 부수는 것이 아니라, 더 나은 방향으로 나아가기 위한 조율과 개선이다. 전통적 가치를 무조건 부정하고 변화하는 것이 아니라, 너무 멀리 갔다 싶으면 반대로 다시 조금 돌아올 용기도 있어야 한다. 모든 변화가 항상 옳은 것은 아니며, 그 변화가 초래하는 혼란을 직시하고 조율할 수 있는 지혜가 필요하다.

과거의 가치만을 절대시하는 것도, 반대로 '진보'라는 이름에 도취되어 비판적 사고를 멈추는 것도 모두 위험하다. 이상을 향해 나아가되 현실을 무시하지 않는 자세야말로, 우리가 지녀야 할 균형 감각이다. 진정한 지성인이란 변화와 전통, 자유와 질서 사이에서 진정한 가치를 찾아 끊임없이 성찰하고 조정할 줄 아는 사람이다.

진보적 가치의 본질을 깨닫지 못할 때 '진보와 변화는 무조건 좋은 것'이라는 식의 단선적인 발상에 경도되기 쉽다. 이는 지성이 아니라 극도의 무지에서 비롯된 신념 중독에 불과하다.

2-4 우물 안 개구리

'한국식 진보'의 근본적인 문제점은 대부분의 정치인이나 지식인이 70~80년대 기준의 진보에 얽매여 살아간다는 점이다. 한국에서 정치인이 되려면 일반적으로 법학을 전공하거나 사법고시를 통과한 사람들이 판사, 검사, 또는 변호사를 거쳐 정치인이 된다. 또는 언론인 출신도 있다. 말하자면 특정 엘리트 코스가 정해져 있는 시스템이나 다름없다. 자신들이 속한 좁은 세상밖에 모르고 그것이 최고이며 전부인 줄 알고 살아가는 마인드가 정치인이 되어도 그대로 유지된다.

결국 우물 안 개구리지만, 자신들이 '제일 좋은 우물'에 살고 있다는 이유로 그것이 우물이 아닌 줄 착각하고 살아간다. 세상의 변화를 민감하게 체득하지 못하니 구시대적 발상이 변함없이 유지되고, 같은 사람들끼리 모여 있으면 자신들이 문제가 있는지조차 파악하지 못한다. 한국 내에서 기득권 생활만 해 봤지, 한국 밖의 세상이 어떻게 돌아가는지는 제대로 알지 못한다. 본인들이 무엇이 부족한지 점검할 의지조차 없으며, 아예 노력을 할 필요성조차 자각하지 못한다. 그러니 우물 안 개구리라고 하는 것이다.

아주 오래전 조국 전 서울대 교수가 한 방송에서 한 말이 기억난다. '우리도 이제는 먹고 살만한 국가이고, 북유럽 같은 방향으로 나아가야 한다'고 했다. 대표적인 좌파 지식인 유시민 작가도 100분 토론에 나와 자신의 논리를 뒷받침하며 '독일에도 사민당(사회민주당)이 있지 않느냐'는 말을 한 바 있다. 그들이 지향하는 것은 분명 북한이나 중국이 아니다. 그들의 발언에는 한국도 이제 북유럽이나 서유럽 같은 나라처럼 진보해야 한다는 진정성이 담겨 있다고 본다. 그런데 왜 같은 사회주의를 해도 어떤 나라는 독일, 스웨덴이 되고 어떤 나라는 중국, 북한이 되는가?

후자의 경우 진정한 리버럴 정신이 밑바탕에 없기 때문이다. 반면 전자의 경우 자유적 가치의 기반이 아주 탄탄하고, 국민들이 독립적 사고를 할 수 있는 능력치가 높다. 즉, 정치 지도자들이나 사회 지식인들의 의식 수준이 충분히 뒷받침될 때 같은 사회주의를 해도 성공할 수 있다. 그 후에 진보를 논해야 그게 뭔지를 알 수 있다. 그러나 아직까지는 정신 수준이 높지 않은 세력이 진보 흉내를 내는 것에 불과한 현실이다. 전기는 좋은 것도 나쁜 것도 아니다. 잘 쓰면 에너지가 되고, 못 쓰면 감전이 되는 것이다. 사회주의도 마찬가지다. 정치를 종교 집단처럼 여기는 광신도들이 넘치는 사회에서는 좋은 약도 독으로 만든다.

2017년 1월 KBS에서 방송한 신년 기획 2부작 〈행복한 국가를 만든 리더십〉이라는 다큐가 있다. 1부에서는 독일 메르켈 총리의 리더십을 분석했다. 부를 과시하지 않고 겸손하며, 항상 옷차림도 검소하고, 요란스럽지 않은 의전 등이 집중 조명되었다. 총리가 검소하게 평범한 서민 아파트에서 사는 현실 등은 단순히 일회성 쇼라고 치부할 수 없는 것들이 취재 과정에서 자연스럽게 드러났다. 메르켈은 전당대회에 참석해서도 동료 정치인 한 사람 한 사람에게 먼저 다가가 악수를 권했다. 서구권에서 오래 살았던 내게는 매우 자연스러운 장면이지만, 한국 사회의 현실에서는 말도 안 되는 일이다.

즉, 진보라는 의식이 자연스럽게 체득되어 사람의 뼛속까지 스며들어야 하는데, '어떤 특정한 행위'를 보고 그저 따라 하며 진보를 흉내 내려는 것은 완전히 다른 개념이다. 이 차이를 제대로 아는 좌파 지식인이 단 한 명도 보이지 않는 것이 현재 대한민국의 실정이다. 비유하자면 토익 공부를 열심히 해서 토익 만점을 받는 것만 중요한 가치로 여겨지고, 정작 영어 원어민 앞에서 한 마디도 제대로 못하는 것과 같다.

아는 척하는 것과 진짜 '깊이'를 아는 것의 차이

어떤 시인이 10년 넘게 깊은 우울증과 정신적 방황을 겪었다고 해보자. 그는 그 고통을 예술적으로 승화시켜 시로 표현했다. 그리고 이 시를 두 사람이 읽는다.

A. 우울증 경험이 없는 서울대 국문과 4학년 학생
B. 10년 이상 깊은 우울증을 앓아본 50대 평범한 직장인

온갖 화려한 수사를 동원해 이 시를 '기가 막히게 분석해 낼 사람'은 단연 A일 것이다. 하지만, 이 시를 읽고 자기도 모르게 눈물이 하염없이 흐를 만한 사람은 누구일까? 바로 B다. 그래서 슬픔과 고통의 끝에 진실이

있다는 말이 나온 것이다.

지식을 습득해 아는 체하는 것과, 예술적 승화의 깊이를 깨닫는 것은 전혀 다른 차원의 문제다. 이 논리를 '진보'라는 가치에 적용해도 마찬가지다. 지금 한국의 진보 정치인이나 이른바 진보 지식인이라 불리는 사람들을 보면, 절대다수가 A의 수준에 머물러 있다.

작년, 유시민 작가는 한 유튜브 채널에 출연해 2030 남성을 비판하며 이렇게 말했다. "쓰레기야, 너희들…이라고 말해주고 싶어요." 이어 "기성세대가 안 들어주면? 그럼 돌 들고 오라는 거예요. 우리도 20대 때 다 돌 들고 화염병 들고 다녔으니까."라고 발언했다.

쌍팔년도식 세계관을 여전히 이 시대에 통용되는 진보라고 믿는 이 아둔함이, 지금의 한국을 병들게 하고 있다. 지극히 '꼰대'적인 사고를 가진 사람들이 진보 지식인의 탈을 쓰고 있고, 그 구시대적 정신 세계를 마치 대단한 통찰인 양 경청하는 국민들을 보면 안타깝기까지 하다. 우리 편이면 무조건 괜찮고, 아니면 다 적이라는 양분법적이고 유아적인 세계관에 갇힌 이들을 '어른'이라 믿는 젊은이들이 많다는 사실에 미안한 마음이 든다. 수십 년 전, 청년 이어령이 왜 《우상의 파괴》라는 도발적인 글을 쓸 수밖에 없었는지 그 심정을 알 것도 같다.

다시 한 번 강조하지만, 많이 외우고 배워 머릿속에 채워넣은 지식과 정신적 지능은 애초에 축이 다르다. 후자는 '배우는 것'이 아니라 '깨닫는 것'의 영역이다. 깊고 뼈아픈 자아성찰을 통해, 자기 의식과 무의식 사이의 간극을 직면할 수 있어야 하며, 즉 자기 자신의 모순을 알아차릴 수 있는 안목이 있어야 한다. 단언컨대, 이 말의 뜻을 이해하지 못한다면 그들을 '지성인'이라 부를 수 없다.

2-5 해외 입양, 진보의 진정성

잘 알려져 있듯이, 우리나라의 해외입양 현실은 참담하다는 표현으로도 부족하다. 수치로 보자면, 한국은 누적 해외입양 건수 세계 1위 국가다. 전쟁 직후의 궁핍한 시절에는 말 할 것도 없었고, 심지어 오늘날까지도 여전히 국제 입양 상위 10개국 안에 이름을 올리고 있다. 2021년 기준, 국제 입양 허브 국가 순위를 보면 콜롬비아, 인도, 우크라이나에 이어 한국이 4위였다. 이 말은 곧, 한국이 아직도 '아동 수출국'이라는 오명을 벗지 못하고 있다는 뜻이다.

더욱 뼈아픈 사실은, 2025년 〈US NEWS〉 보고서에 따르면 한국은

‘글로벌 슈퍼파워 랭킹 6위’국가라는 점이다. 경제력, 외교력, 기술력 등 전반적인 국가 영향력이 세계 10위권 안에 드는 나라라는 것이 국제 사회의 평가다. 그런 국가가 여전히 국외 입양 아동 통계에서도 세계 상위권이라는 것은 실로 아이러니하면서도 국가적 수치라 할 수밖에 없다.

하지만 여기서 나는 흔히 반복되는 미혼모에 대한 사회적 편견이나 입양아에 대한 낙인과 차별 같은 진부한 이야기를 되풀이하려는 것이 아니다. 이미 많은 사람들이 이 구조의 문제를 인식하고 있다. 더불어, 한국의 입양 기관들이 수십 년간 국제 입양을 통해 수익을 창출해온 산업적 구조, 즉 ‘입양 비즈니스 모델’의 실체 역시 잘 알려져 있다.

내가 주목하고자 하는 것은 제도적 문제보다 더 근원적인 지점, 즉 개개인의 마인드와 의식 수준에 대한 질문이다. 이 책의 프롤로그에서 인간 의식의 진화에 대해 짚었는데, 잠시 상기해보자. 개별적인 사적 자아의 경험이 점차 희미해지고, ‘신적 관점’에 가까워질수록 타인의 고통이나 삶을 나의 것처럼 느끼는 공감 능력이 깊어진다. 이처럼 ‘나를 사랑하는 것’과 ‘타인을 사랑하는 것’의 경계가 점점 허물어지는 과정, 바로 이것이 본질적인 사랑과 연민이 깊어지는 과정이다. 결국 이것이 진보적 마인드의 핵심이다.

진보주의는 사회적 약자, 소외된 사람, 제도 밖에 놓인 존재들의 권리를 중시하는 사상이다. 그리고 그것은 입양아 문제와도 직결된다. 우선, 일차원적인 관념, 즉 '내 핏줄'에 대한 집착이 줄어들어야 일단 입양을 진지하게 고민하게(*실행에 옮기든 아니든) 된다. 그러한 측면에서 서구 사회는 분명 비서구 사회보다 정신적으로 진보한 세계였다.

그렇다면 지금 대한민국에서 스스로 진보라고 목청껏 외치는 정치인, 언론인, 지식인 중에 입양아를 실제로 받아들인 사례가 있는가? 또한, 엄청난 부와 명예를 거머쥐고 난민 문제에 대해서도 목소리를 높이는 등 스스로를 진보라고 외치는 일부 연예인들은 입양을 실천할 의지나 최소한 마음이라도 있는가? 이들은 사회 제도를 바꾸자고 주장하지만, 정작 자신의 내면은 구조적 이기주의에 깊이 물들어 있다. 그래서 진보라는 이름으로 추구되는 세상은 오히려 더 위선적이고 모순된 시스템이 되고 만다. 이것은 진보가 아니다. 그저 진보의 언어를 차용한 포장지에 불과하다. 그래서 한국의 좌파는 위선, 모순, 내로남불이라는 비판에서 벗어나지 못하는 것이다.

정신적인 성숙이란

한국 최초의 국제기구 수장 역할을 맡았던 인물은 고 이종욱 박사, WHO 세계보건기구의 6대 사무총장이었다. 반기문 전 유엔 사무총장의 화려함에 가려 대중적인 인지도는 크게 없었지만, 그의 삶은 사명감 하나로 가득 차 있었다. 글로벌 이슈를 해결하기 위해 인생을 바친 그는 마지막까지 WHO 총회 준비 도중 과로로 쓰러져 세상을 떠난 인물이다. 이종욱 박사는 사무총장직을 수행하면서도, 연간 150일 이상을 출장을 다니며, 수행원은 2명만 대동했다. 본인 소유의 집도 없었고, 자동차도 중고 토요타 한 대뿐이었다. 누군가 그의 차에 대해 물을 때, 그는 이렇게 답했다.

"사무총장이나 직원이나 차가 아닌, 업무 능력으로 승부해야 한다."

그가 보여준 삶의 태도는 단순히 성과를 내는 것이 아니라, 진정성 있게 목표를 추구하며 실천하는 것의 중요성을 일깨운다.

만약 이러한 인물이 진보를 논한다면, 누구든지 귀 기울일 준비가 되어 있을 것이다. 그러나 지금 한국 정치계, 문화계, 언론계에서 소위 진보를 외치는 좌파 인사들을 보면, 대부분이 욕심과 공명심, 권력욕에 찌든 인물들이다. 그들이 진보를 주장한다고 해서 진정성 있는 변화가 이루어질 것이라고 생각하는 사람은 그리 많지 않다. 진정한 진보는 이기적인 욕망에서 벗어나, 타인을 배려하고, 공정한 사회를 만들기 위한 의지에서 비롯되어야 한다. 하지만 현실에서 그들은 자신들의 사적 이익을 위해 진보를 외치며, 이로 인해 진보의 의미는 퇴색되고, 좌파 진영은 모순과 내로남불로 가득 차게 된다.

물론 사람이라면 누구나 세속적인 욕망과 신성해지고 싶은 두 가지 욕망을 동시에 가지고 있다. 이는 인간 본성의 일부분으로, 남들과 차별화되고 특별해지고 싶은 욕구는 자연스러운 것이다. 우리가 돈과 명예를 얻고 싶은 마음을 억누를 필요는 없다. 어쩌면 그 또한 위선일 수 있다. 하지만 중요한 점은 그 욕망의 근원이 무엇인지를 인식하고, 그것을 어떻게 조절할 것인지를 이해하는 것이다. 이를 위해 뼈아픈 자아성찰이 꼭 필요하며 자신의 근간이 흔들리는 경험에 직면할 용기도 필요하다. 사람은 본질적으로 각자의 페이스대로 진화의 방향을 향해 나아가며, 그 과정에서 단순한 의식에서 복잡한 의식 구조로, 이기적인 방향에서 이타적인 방향으로, 물질적 욕망에서 정신적 추구로 나아간다. 이러한 변화가 인간 진화의 본질이며, 우리가 마주하는 사회적 이슈에 대해 더욱 진정성 있는 접근을 할 수 있게 한다.

많은 젊은이들이 한국을 떠나려는 이유 중 하나가 나이 많은 연장자들이나 권력자들의 '갑질'때문이다. 이들은 한국에서 자존심이 짓밟히느니 차라리 인종차별이 낫다고 생각하는 마인드를 가진 경우가 많다. 이런 현상은 그들이 사회에서 갖고 있는 구조적 불평등에 대한 반발이기도 하다. 이제 진보의 가치를 진심으로 재고해 볼 때다. 정작 자기 자신은 욕심과 욕망으로 똘똘 뭉쳐 있으면서, 사회 제도를 뜯어고쳐 이상적인 국가를 만들겠다는 마인드가 결국은 더 큰 혼란과 왜곡을 만들어낸다. 알맹이 없는 이상주의일 뿐이다. 진보가 아닌, 진보 흉내, 진보 호소에 불과하다.

2-6 껍데기가 아닌 본질을 보자

개인심리학의 창시자 알프레드 아들러는 『아들러 심리학 입문』에서 열등감이라는 감정을 설명하기 위해, 엄마와 함께 동물원에 간 아이 세 명이 사자 앞에 섰을 때 나타나는 반응을 예로 든다.

A : 엄마를 붙잡고 "나 집에 가고 싶어"라고 말한다.

B : 얼굴이 굳어지고 "나는 조금도 무섭지 않아"라고 말한다.

C : 눈을 동그랗게 뜨고 사자를 빤히 바라보며 "침을 뱉어 버릴까?"하고 말한다.

이때 내면에 열등감이 심한 아이는 누구일까? 아들러는 모두라고 말한다. 열등감은 수많은 방법으로 표현될 수 있다는 점을 강조한 것이다. 즉, 이 아이들 모두는 자신의 감정을 자기의 인생 방식과 일치하는 저마다의 방식으로 표현했을 뿐이다.

기타 모든 감정도 마찬가지다. 예를 들어, 내면의 '악'이 드러나는 방식도 모두 다르다. 겉으로 착하고 정의로워 보이고, 착하고 정의로운 말을 한다는 이유만으로 그 말에 넘어간다면, 그것은 너무나도 무지한 것일 뿐이다. 이러한 무지가 만연한 사회라면 교활하고 간교한 특성이, 특히 그것이 치밀할수록, 더 큰 힘을 얻게 된다.

교만이 아주 강한 사람이 똑똑할 경우 그는 자신의 성격이 타인에게 비호감이라는 것을 충분히 자각할 수 있다. 이런 경우, 보통 매우 세련된 형태로 예의 바르고 공손한 자신의 이미지를 일관되게 만들어 나갈 수도 있다. 이것이 고착화되면 심지어 본인 자신도 의식적으로는 겸손하지만, 무의식적으로는 다른 감정, 가령 거만함 등이 뒷받침되고 있다는 사실을 자각하지 못한다. 따라서 매우 날카로운 눈을 가진 사람이 아닌 이상, 대부분은 그 사람을 예의 바르고 겸손한 사람이라고 인정할 수밖에 없다.

예를 들어, TV 토론을 볼 때 우리는 흥미로운 장면을 목격할 수 있다.

소위 센 캐릭터와 고상한 캐릭터 간의 대결에서, 센 사람이 직설적으로 말할 때 비교적 예의 바르고 점잖아 보이는 사람이 미묘하지만 교활한 방법으로 상대방의 말에 반론을 펼치는 경우가 있다. 오묘한 미소에 감춰져 있지만 그 속은 매우 호전적인 성향으로 가득 차 있음을 알아차릴 수 있다. 이러한 사람들은 상대방이 겉으로 드러내는 직설적이고 호전적인 태도를 참기 어렵거나 경멸하지만, 그것이 본인의 무의식적인 그림자임을 깨닫지 못한다. 인간 본성에 대한 이해가 부족하다는 것은 곧 본인 성찰도 부족하다는 뜻이다.

겉으로 친절하고 반듯하게 보여도 속으로 교활한 사람이 있다. 반대로 내면은 진실해도 얼핏 보기에 차갑거나 어리석게 비치는 사람도 있다. 진실의 법칙과 상식의 법칙은 엄연히 다르지만, 대부분의 사람은 이를 구분하지 못한다. 하지만 맥락적 지성이 뛰어난 사람들은 사람의 행동 패턴이나 말 습관을 아주 세밀하게 관찰하여, 겉과 속이 다른 것을 비교적 쉽게 간파할 수 있다. 자아 성찰을 아주 깊고 진지하게 한 사람이라면, 또 그것이 얼마나 고통스럽고 지난한 과정인지를 아는 사람이라면, 자신이 갖고 있는 내면이 보이기에 타인의 내면도 그만큼 잘 보인다.

제3장
관념과 신념의 전염성

3-1 신념, 끊어야 할 정신적 사슬

책『거인의 통찰』은 세계적인 석학 11명과의 대담을 통해 인간의 본질과 인류의 미래에 대한 깊은 통찰을 담은 작품이다. 그중 노벨 경제학상 수상자인 대니얼 카너먼은 인지적 오류에 대해 인상적인 견해를 남겼다. 그는 인간의 무지는 단순한 실수가 아니라 일정한 패턴과 구조를 가지고 있으며, 사람들은 '그럴듯한 방식으로 잘못된 결론에 도달한다'고 지적했다. 이러한 이유로 개인의 인식 오류는 쉽게 수정되지 않으며, 오히려 체계적으로 강화되어 편향이 더욱 공고해진다. 그 결과, 사회와 조직이 전체적으로 잘못된 방향으로 나아갈 가능성이 커진다.

사람들은 자신이 알고 있는 범위 안에서 행동하며, 자신의 판단이 옳다고 믿는 경향이 있다. 특히, 강한 신념을 가진 사람들이 위험한 이유는 그들이 자신의 신념에 대한 확신을 바탕으로 행동하기 때문이다. 역사적으로도 극단적인 신념이 정당성을 내세우며 수많은 비극을 초래한 사례가 많다. 결국, 인간이 저지를 수 있는 가장 심각한 잘못들은 대개 '옳은 일'이라는 명분 아래 이루어졌으며, 이는 우리 사회가 오류를 경계하고 성찰해야 하는 중요한 이유 중 하나다.

편향성이 무서운 이유는 이것이 한번 형성되면 그 신념은 좀처럼 변하지 않기 때문이다. 이는 단순한 의견의 차이에서 비롯되는 것이 아니라, 인간의 뇌가 정보를 처리하는 방식 자체와 깊이 연관되어 있다. 정치적 신념이 그 대표적인 예다. 남캘리포니아 대학교(University of Southern California)의 뇌과학 연구진은 정치적 성향이 정보 처리 방식에 어떤 영향을 미치는지를 연구했다. 그 결과, 정치적 성향을 바꾸는 것이 다른 정보에 대한 입장을 바꾸는 것보다 훨씬 더 어렵다는 사실이 밝혀졌다.

정치적 성향은 개인의 내면적 자아와 깊이 연결되어 있기 때문이었다. 단순한 논리적 판단의 문제가 아니라 개인의 정체성과 자아 개념과 밀접한 관계가 있는 것이다. 우리가 특정한 정치적 입장을 가지게 되는 과정에는 단순히 정보의 습득과 분석뿐만 아니라, 자라온 환경과 성장 과정에서 겪은 경험, 심지어는 본인이 기억하지 못하는 유년기의 상처까지도 영향을 미칠 수 있다. 결국 정치적 성향이란 개인의 삶 전반에 걸쳐 형성되는 복합적인 산물이다.

 진짜 진보, 가짜 진보 | 깨어남의 진정한 의미를 묻다

한번 신념이 형성되면 그 편향성을 극복하고 다른 생각을 인정하는 것이 몹시 어렵게 된다. 그 이유는 우리의 뇌가 정보를 처리하는 속도를 최소화하도록 설계되어 있어, 익숙한 사고 패턴으로만 가려는 성질이 있기 때문이다. 인간의 뇌는 일종의 '인지적 자동 조종 장치'처럼 작동하며, 기존의 신념을 유지하는 방향으로 정보를 선택적으로 받아들이고 해석하려는 경향이 있다. 이른바 확증 편향(Confirmation Bias)이 작용하는 것이다. 그렇기 때문에 충분한 통찰력이 없는 상태에서 정치를 접하게 되면, 프레임 씌우기를 끊임없이 반복하며 선과 악을 이분법적으로 나누는 정치 기계가 되어버리기 쉽다. 그 결과 정치적 성향이 다른 사람을 단순히 생각이 다른 존재가 아니라, 도저히 공존할 수 없는 '적'으로 간주하는 경향이 강해진다.

내면의 그림자

이러한 극단적인 반응의 근본적인 원인은 외부가 아니라 본인의 내면에서 비롯되는 경우가 많다. 예를 들어, 좌파 성향을 가진 사람이 우파를 볼 때 분노가 치밀고, 반대로 우파 성향을 가진 사람이 좌파를 볼 때 화가 나는 것은 사실상 본인의 무의식 속에 자리한 그림자(Shadow)와 연관이 있는 경우가 대부분이다. 심리학적으로 볼 때, 반대 입장을 가진 사람을 싫어하는 것은 자기 내면에 존재하는 원하지 않는 특성을 타인에게 투사(Projection)하는 과정일 수 있다.

이는 곧 자기 내면 깊숙한 곳에 자리 잡은 불편한 진실을 외면하고, 타인을 공격함으로써 심리적 안정감을 유지하려는 심리적 기제라 할 수 있다. 이러한 투사는 무의식적으로 이루어지며, 그 과정에서 우리는 자신의 내면에 존재하는 그림자를 자각하지 못한다. 무의식의 세계는 단단한 껍질로 둘러싸여 있기 때문에 감정의 근원을 알아차리기가 쉽지 않으며, 어떤 특정한 사람이 본능적으로 싫어지는 이유가 사실 자기 내면세계의 그림자 때문이라는 사실을 깨닫는 것은 매우 힘든 일이다.

이러한 본질을 이해하기 위해서는 끊임없는 자기 성찰과 자기 부정의 과정을 거쳐야 한다. 하지만 이는 매우 어려운 과정이며, 심리적 저항이 크기 때문에 많은 사람은 이러한 어마어마한 프로세스를 시도할 엄두조차 내지 못한다. 인간은 본능적으로 자신이 틀렸다는 사실을 인정하는 것을 두려워하며, 기존의 신념을 유지하는 것이 심리적으로 훨씬 편안하기 때문이다.

또한, 현대의 정보 환경은 이러한 편향을 더욱 강화시키는 방향으로 작용하고 있다. 인터넷과 SNS의 발달로 인해 사람들은 자신의 기존 신념을 강화하는 정보만을 선택적으로 접하게 되고, 반대되는 의견을 배척하는 경향이 강해졌다. 그 결과, 정치적, 이념적 양극화는 더욱 심화되고 있으며, 진영 논리에 갇혀 객관적인 시각을 유지하는 것이 점점 더 어려워지고 있다.

이러한 상황에서 중요한 것은 '비판적 사고(Critical Thinking)'와 '메타인지(Metacognition)'를 기르는 것이다. 즉, 자신의 사고방식이 얼마나 편향될 수 있는지를 스스로 자각하고, 다양한 시각에서 사물을 바라보려는 노력이 필요하다. 자신의 신념이 언제든지 틀릴 수 있음을 인정하는 태도, 그리고 다양한 의견을 열린 마음으로 경청하려는 자세가 무엇보다도 중요하다. 하지만 안타깝게도 정치와 이념, 진영 논리 등에 깊이 매몰된 사람들은 이를 알아차릴 만큼 스마트하지 못하다. 이들은 자신이 합리적이고 논리적인 사고를 하고 있다고 믿지만, 실제로는 편향된 정보 속에서 무비판적으로 사고하는 경우가 많다. 그렇기 때문에 우리가 보다 건강한 사회를 만들기 위해서는 각 개인이 자기 성찰의 과정을 거쳐 편향에서 벗어나려는 노력이 필수적이며, 이러한 노력이 이루어질 때 비로소 보다 성숙한 민주주의와 사회적 통합이 가능해질 것이다.

3-2 정의의 이름으로 자행되는 폭력

　미국의 작가 마크 맨슨의 저서 『The subtle art of not giving a fuck』을 보면 "The dangers of Pure Certainty(순수한 확신의 위험성)"에 대한 설명이 나온다. 대강 번역하여 요약을 해보면 이런 내용이다.

　1990년대 중반, 심리학자 로이 바우마이스터는 '악(Evil)'이라는 개념에 대해 연구하기 시작했다. 그는 기본적으로 나쁜 행동을 하는 사람들과 그들이 왜 그런 행동을 하는지를 면밀히 살펴보았다. 처음에 그는 자존감이 낮은 사람들이 그런 짓을 더 많이 할 거라 추측했다. 그러나 대개 그 반대였다는 사실에 놀랐다. 가장 끔찍한 범죄자들 중 일부는, 현실이 어떻든 간에, 자신에 대해 꽤 괜찮다고 느끼고 있었다. 그들은 다른 사람을 해치고 무시해도 된다는 정당성을 스스로에게 부여했다. 이처럼 다른 사람에게 끔찍한 짓을 하면서도 그것을 정당화하기 위해서는, 자신의 정의로움, 자신의 신념과 자격에 대해 흔들림 없는 확신을 가져야만 한다. 선과 악에 대한 아주 명확한 표준을 가진것, 이것이야 말로 도덕적 함정이다.

　과거 러시아아인들이 공산주의, 독일인들이 히틀러의 국가 사회주의에 세뇌 당한 것도 단순히 당시의 리더들이 '악마'였기 때문이라고 만 치부할수 없다. 절대 다수의 군중은 애국심과 정의라는 이름으로 포장된 내재된 폭력성을 읽어내지 못했다.

물론 이제는 많은 사람들이 과거 독재와 전체주의의 무서움에 관해 충분히 교육받았기에 똑같은 패턴은 먹히지 않는다. 그러다 보니 현대사회에서는 매우 특이한 현상이 나타난다. 오히려 독재나 폭력에 대해 지나치게 병적으로 거부 반응을 보이는 집단에게서 더 심한 독단성과 폭력성이 드러난다는 모순이 관찰된다. 자기 내면에 폭력성이 많을수록 폭력에 대한 반발심도 더 크다는 점을 떠올려 보면 이는 간단히 넘어갈 문제는 아니다. 오늘날에는 전체주의적 의식 수준에 머물러 있는 리더들이 내세우는 가치가 매우 미묘하게 진화했는데, 그 저변의 동기나 모순의 본질을 한 눈에 제대로 간파하는 사람은 안타깝게도 상대적으로 소수다.

대표적인 현상이 PC주의에 경도된 사람들이나 페미니즘을 주장하는 사람들의 폭력성이다. 또는 환경 운동을 하면서 미술관 테러를 하거나, 채식주의를 주장하며 햄버거를 사는 사람들에게 고함을 치고 햄버거를 집어 던지기도 한다. 내면의 이글거리는 폭력성이 진보의 가치로 둔갑되었다. 선과 정의라는 이름으로 이에 응하지 않는 사람이나 집단은 다 처단해야 한다는 식의 사고가 팽배하다. 파시즘적 사고가 진화되어 흔히 파시즘을 더 심하게 욕하는 방식을 택한다. 한국의 소위 운동권 출신 정치인들의 사고나 행동 패턴을 봐도, 그들이 진보를 자처하지만 사실상 피해의식과 복수심이 권력욕과 교묘하게 결합된 감정 반응을 지속적으로 드러내고 있음이 선명하게 관찰된다.

팩트보다 중요한 감정

호주의 코미디언 닐 코하카가 제작한 단편 영화 〈Modern Educayshun〉은 현대 사회에서 나타나는 과도한 정치적 올바름(Political Correctness)을 풍자적으로 그려낸 작품이다. 이 영화는 '평등'이라는 가치를 절대적인 기준으로 삼고 모든 것을 그 틀 안에 맞추려는 사회적 분위기를 코믹하고 날카롭게 비틀어 보여준다.

영화의 배경은 한 교실로, 여기에 평범한 사고방식을 가진 한 남학생이 새롭게 전학 오면서 벌어지는 일들이 중심 서사다. 그는 기본적인 논리와 상식에 따라 행동하지만, 교실 안의 분위기와 기준은 그와 전혀 다르다. 예를 들어, 교사가 "1+1=?"이라는 질문을 던졌을 때, 주인공은 당연히 "2"라고 답하지만, 그 답은 틀렸다고 평가된다. 대신 어떤 학생이 "다문화주의(multiculturalism)"라고 답하자, 그 대답이 정답으로 인정받는다. 이어지는 "3×3=?"라는 질문에서도 수학적으로 정답을 말한 학생은 부정당하고, "남녀평등(gender equality)"이라고 외친 다른 학생의 답이 정답으로 간주된다.

과제를 평가할 때도 실제로 가장 뛰어난 분석과 자료조사를 한 학생은 낮은 점수를 받고, 성별, 성적 지향, 인종 등의 소수자 정체성을 가진 학생들에게 높은 점수가 주어진다. 결국 거의 과제를 수행하지 않은 동양인 게이 학생이 최고의 점수를 받는 장면은, 사회적 소수자에 대한 지나친 보상 심리가 어떻게 공정성의 균형을 무너뜨릴 수 있는지를 풍자하고 있다.

영화 후반부에서는, 주인공 여학생이 "팩트보다 중요한 것은 감정이다!"라고 외치며 교실 내 공감을 이끌어낸다. 이 말은 교실의 전반적인 분위기를 상징하는 핵심 메시지로 작용한다. 그리고 결말에서는 교실 구성원 모두가 합심해 이러한 분위기에 적응하지 못하는 주인공 남학생을 감금시켜버리는 결말로 이어진다.

심리학자 드루 웨스턴의 저서 『감성의 정치학』에는 유권자의 판단이 합리적이지 않기 때문에, 그들의 감성을 자극해야 한다는 현실에 대한 지적이 담겨 있다. 나는 이러한 현실이 현대 사회에서 감성을 기반으로 한 대중 파시즘으로 진화하고 있다고 본다. 폭력이나 파시즘적 사고를 누구보다 더 강하게 비난하며 군중의 충성심을 유발하는 방식은 현대 사회에서 너무나도 잘 먹히는 전략이다. 그 이유는 상당수의 대중들이 자신들이 많이 똑똑해졌고 깨어있다고 착각하기 때문이다. 그래서 순진한 영혼들이 고도로 간교해진 파시즘에 너무 잘 빠져들어버리고 그것이 선과 정의라고 믿어버린다.

사실 그것을 알아보는 것은 쉽다. 어떤 관념과 신념을 주장하든 간에, 우리편은 '선'이고 우리편이 아니면 다 '적'이라는 세계관은 맥락이 뒤틀려있다고 보면 된다. 특히 본인이 진보주의자라고 착각하는 사람들이 가장 쉽게 빠지는 함정이다. 간혹 내재된 폭력성을 분출하면서 '평화적 시위'라는 방식을 택하기도 하지만, 그것은 '우월하게 보이는 것'이 어떤 것인지 잘 아는 간교한 정치인들의 이기적인 목적에 희생당하는 것이다.

인간 내면의 잔혹성

근현대의 심리학은 사람들의 감정 표현이 실제 무의식 속 감정과 일치하지 않는 경우가 많다는 것을 밝혀냈다. 어떤 특정한 행위나 사건에 대해 지나치게 격분하고 비난을 퍼붓는 것도, 실은 자기 내면의 모순적인 감정을 억누르고 감추려는 방어적 반응일 수 있다. 독일의 정신분석학자 에리히 프롬은 이를 '표면상의 도덕적 분노'라고 표현하기도 했다. 이 도덕적 분노는 겉보기에는 정의롭고 윤리적인 듯하지만, 실은 그 안에 적개심, 질투, 공격성과 같은 부정적 감정이 교묘히 투영되어 있는 경우가 많다고 보았다. 결국 인간은 스스로의 분노에 도덕이라는 외피를 씌움으로써, 자신의 내면을 정당화하고 심리적으로 안도감을 얻는다.

이러한 경향은 일상생활에서도 쉽게 포착된다. 시드니의 전철에서 직접 목격한 일이다. 70대 이상인 여성 한 명이 휠체어를 타고 있었고, 그녀의 아들처럼 보이는 남성과 함께 있었다. 남성은 덩치가 매우 컸고 40대 초중반으로 보였다. 그런데 한 동양인 남성이 그들 옆을 지나가면서 휠체어의 바퀴를 살짝 건드렸다. 얼핏 보기에 베트남계로 보였고, 50대 후반이 넘어 보였다. 옷은 누추했고, 키는 150cm 중반 정도로 작았다. 문제는 그가 휠체어를 건드렸다는 사실을 전혀 인지하지 못하고 그냥 지나갔다는 것이다. 그 정도로 살짝 건드리고 지나갔을 뿐이었다. 이에, 여성의 아들로 보이는 남성이 불쾌한 표정을 지으며 그를 붙잡고는 "어떻게 휠체어를 건드리고 그냥 지나가냐?"며 소리를 질러댔다. 그리고는 손으로 주먹질을 하는 듯한 시늉까지 했다.

그는 온 몸으로 분노를 쏟아냈다. 작은 아시아계 남성은 영어를 잘 하지 못하는 듯 보였고, 아무런 반응도 없이 멍하니 서 있었다. 반대로, 상대는 자신이 정의를 지킨다는 착각에 빠져, 쌓여 있던 불만을 푸는 기회로 삼았다. 휠체어를 보호한다는 그 '정의'의 개념은 쉽게 건드릴 수 없는 관념이다. 선과 정의라는 장막을 뒤집어 썼지만, 사실은 자신의 억눌린 분노를 표출하려는 것에 불과했다. 이처럼 내면의 가학적 성향이나 파괴 본능을 만족시킬 수 있는 행위를 찾아내는 인간의 본능은 여전히 우리 안에 존재한다. 그리고 이는 표면적으로는 '도덕'이나 '올바름'의 이름으로 위장되어 나타나는 경우가 많다.

우리가 어떤 사회적 문제에 대해 누군가를 비난하고 매도하며 도덕적 우월감을 느낄 때, 실제로는 그 행위 자체가 우리 내면의 어두운 욕망을 충족시키는 방식일 수 있다. 문제는 여론이라는 이름의 도덕적 폭풍이 몰아치면, 개인은 스스로의 사고력을 상실하고 감정의 홍수에 휩쓸리기 쉽다. 복잡하고 다면적인 사안을 단순한 '정의'나 '평등'이라는 명분으로 포장해 한 사람을 사회적으로 매장하려는 흐름도 곳곳에서 발견된다.

하지만 진정한 정의는 단순한 감정의 분출이나 무비판적인 동조로 이루어지는 것이 아니다. 우리는 언제나 자신의 무의식적 욕망이 '도덕'이라는 이름으로 표출되고 있는 것은 아닌지를 경계해야 하며, 비판적 성찰과 사고 훈련을 통해 내면의 진짜 동기를 들여다볼 수 있는 능력을 길러야 한다. 그렇게 하지 않는다면, 우리는 결국 스스로가 선을 행하고 있다는 착각 속에서 또 다른 형태의 폭력과 가학성을 정당화하게 될지도 모른다.

 진짜 진보, 가짜 진보 | 깨어남의 진정한 의미를 묻다

3-3 이건희는 왜 정치를 4류라 했는가

한국의 거리에서 쉽게 볼 수 있는 정치 홍보용 현수막을 보면, 유난히 자극적이고 단순한 문구들이 눈에 띈다. 굵은 글씨, 강한 색감, 공격적 문장들이 지나가는 이들의 시선을 강제로 붙잡는다. 외국에서 오랜 시간 살아온 나로서는 이런 풍경이 유독 낯설고도 생경하게 다가온다. 단순히 문화적 차이를 넘어서, 표현의 방식이 지나치게 유치하다는 인상을 지울 수 없다. 마치 유권자를 어린아이 취급하듯, 말장난과 감정 자극에 치중한 메시지들, 정치가 대중에게 전달되어야 하는 진중한 의제나 비전이 아닌, 감성적 선동과 즉각적 반응만을 겨냥하고 있다는 느낌이 강하게 든다.

이런 현상이 반복되는 것은 그저 우연이 아닐 것이다. 그 배경에는 크게 두 가지 가능성이 떠오른다. 첫째, 정치인들 스스로 사고의 깊이나 통찰의 수준이 그만큼 단순한 경우일 수 있다. 정책의 본질보다는 감정의 파동에 기대려는 태도, 복잡한 현실을 단순한 대립 구도로 축소하여 유리한 입지를 확보하려는 전략이 이미 고착화된 것이다. 둘째, 정치인들이 유권자들의 인식 수준을 그렇게 판단했기 때문일 수도 있다. 다시 말해, 깊이 있는 설명보다는 감정을 건드리는 한 문장이 더 효과적일 것이라고 여기고, 그에 맞춰 메시지를 구성하는 전략적 선택인 셈이다.

어느 쪽이 진실인지 단정하기는 어렵지만, 한 가지 분명한 사실은 두 경우 모두 사회적으로 매우 우려스러운 징후라는 점이다. 정치가 단순화되고, 그 단순화된 정치가 다시 대중의 인식 수준에 영향을 미치는 악순환이다. 이러한 퇴행적 구조 속에서 사회 전반의 정치적 감수성은 갈수록 둔감해지고, 비판적 사고는 점점 위축된다. 귀스타브 르 봉은 저서 『군중심리』에서 대중을 설득하는 가장 효과적인 방법으로 감정의 자극을 들고 있다. 메시지의 논리성보다, 일차원적인 감정을 '공유하는 척'하는 것이 가장 큰 영향력을 발휘한다는 것이다. 정치인들이 이를 활용하는 방식은 오늘날 한국 정치에서 명확하게 드러나고 있다. 사람들의 감정을 자극하고, 마치 그 감정에 함께 공감하는 듯한 제스처를 취함으로써 표를 얻는 전략 말이다.

이러한 현실은 한국 정치가 얼마나 후진적인 구조에 머물러 있는지를 보여주는 대표적인 사례다. 정치와 언론계 이 두 분야는 여전히 시대의 흐름을 따라가지 못하고 있다. 가장 느리게 진화하고, 가장 낡은 프레임이 여전히 통용되는 곳이기도 하다. 다른 분야에서는 21세기의 변화가 활발히 일어나고 있지만, 정치, 언론계만큼은 여전히 유아적 세계관에 갇혀 있다. 구태의연한 말싸움, 진영 간 이념 대립, 인신공격식 프레임 전쟁 등은 예나 지금이나 거의 변함이 없다.

그 책임은 단지 정치인들에게만 있는 것이 아니다. 정치란 결국 국민의 거울이다. 정치의 수준은 국민의 의식 수준을 그대로 반영한다. 독립적인 사고보다는 집단적 열광이나 선동에 쉽게 휘둘리는 풍토, 사안을 입체적으로 해석하기보다는 단편적 정보에 즉각 반응하는 분위기, 성숙한 토론보다는 감정 싸움에 치우친 여론 환경이 그것을 잘 보여준다. 작은 자극에도 집단적으로 반응하고, 논의보다는 싸움이 앞서는 모습은 이미 사회의 고질병으로 자리 잡았다. 작은 선동 구호 하나에도 아무런 맥락 없이 이리 저리 흔들린다.

결국 이런 대중적 성향을 교활하게 잘 활용하는 사람이 정계에서 살아남게 되는 구조가 만들어졌다. 정치인들은 감정을 건드리는 구호를 연구하고, 특정 프레임을 내세워 국민을 분열과 갈등의 구도로 끌어들인다. 그래서 '정치는 대중을 바보로 여기는 사람들이 더 잘한다'는 말이 현실을 적나라하게 보여주는 표현이 되었다. 특히 이런 자들이 스스로를 '진보주의자'라고 호소하는 경우가 많다.

국민을 진심으로 존중하는 정치인은 어떻게든 진실을 설명하고, 논리와 사실에 기반한 이야기를 하려 한다. 그러나 그런 사람일수록 대중에게 외면당하기 쉽다. 반면, 대중을 낮춰보는 정치인들은 감정을 자극하는 슬로건과 단순한 이분법으로 마음을 움직인다. 그리고 그런 메시지에 많은 사람들이 쉽게 반응할수록, 정치의 수준은 점점 더 추락하게 된다.

이건희 회장이 남긴 말, '정치는 4류'라는 표현은 단순한 비판이 아니라, 한국 사회가 직면한 정치 구조의 본질을 날카롭게 꿰뚫은 진단이었다. 정치는 결국 시스템이고, 시스템은 의식 수준에 따라 진화하거나 퇴보한다. 그리고 그 중심에는 언제나 국민이 있다. 그렇기에 정치의 수준을 논할 때, 우리는 정치인만이 아니라 우리 사회 전체의 의식 수준도 함께 고려해야 한다.

의식 수준과 정치의 상관관계

마광수 교수는 저서 『인간에 대하여』를 통해 '정치란 인간의 권력욕에서 나오고, 인간의 권력욕은 성욕과 놀이욕구의 안쓰러운 대체물이다'라고 통찰했다. 실제로 정치인들이 국가를 위하는 듯한 모습을 보이지만, 실제로는 자신이 속한 집단의 이익만을 추구하는 경우가 많다. 이런 구조는 오늘날만의 문제가 아니라, 오랜 역사 속에서도 반복되어 온 일이다.

임진왜란 직전 조선의 상황만 봐도 그렇다. 당시 도요토미 히데요시가 조선에 보낸 국서에는 중국을 공격하러 가니 길을 내어달라는 내용이 담겨 있었다. 조선 조정은 이에 황윤길과 김성일을 일본에 파견해 진의를 파악하도록 했다. 그러나 두 사람의 귀국 후 보고는 정반대였다. 서인 소속인 황윤길은 일본의 침략 가능성을 경고했고, 동인 소속인 김성일은 그런 우려는 없다고 단언했다.

　같은 현장을 보고도 해석이 다를 수는 있지만, 문제는 이후의 대응이었다. 침략 가능성을 두고 대비책을 마련하기는커녕, 조정은 오히려 동서로 갈라져 서로 비난하며 허송세월을 보냈다. 이념에 집착하는 것도 문제지만, 더 심각한 건 정작 그 이념조차 조직의 이익 앞에서는 쉽게 뒤로 밀려난다는 점이다. 중요한 국가적 위기 앞에서도, 정치 논리와 세력 다툼이 앞선 것이다.

　정치라는 것은 본질적으로 감정과 논리가 충돌하며, 때로는 진실보다 전략이 우선시되는 장이다. 그 속에서 개인의 진정성과 순수한 신념은 쉽게 왜곡되거나 이용당하기 쉽다. 이런 환경은 고결한 정신을 지닌 이들에게는 일종의 내면적 거부감을 불러일으킨다. 권력 다툼, 진영 논리, 감정적 선동, 위선적 발언들이 난무하는 풍경은 사고의 깊이를 추구하는 사람들에게는 피로함을 안긴다.

　지성의 의미를 아는 사람이라면 차라리 독립적인 길을 걸으며 조용히 사회의 방향성을 견인하고자 한다. 단적인 예로, 예수나 석가, 소크라테스, 공자와 같은 위대한 사상가들을 떠올려보면 된다. 이들이 권력의 중심에 서서 정치에 참여한 모습을 상상하기란 어렵다. 그들은 오히려 세속적 질서와 거리를 두며 인간 존재의 근원적인 문제에 천착했고, 그러한 메시지를 통해 오히려 더 강력한 영향력을 발휘했다.

정치에 직접 참여하지 않았다고 해서 그들이 사회와 무관한 존재였던 것은 아니다. 오히려 그들은 사회 전반에 더 큰 영향을 끼쳤으며, 많은 이들의 삶의 방향을 바꾸어 놓았다. 그들이 제시한 길은 권력을 통한 통제가 아닌, 사유와 자각을 통한 내면의 변화였다. 그랬기에 오랜 시간에 걸쳐 지속적으로 울림을 남기는 가치를 만들어냈다.

그리고 이러한 가치 지향의 변화는 단순한 취향의 전환이 아니라, 일종의 정신적 진화에 가깝다. 한 번 진화하면 다시 예전처럼 세속적 논리와 사고로 되돌아가는 것은 거의 불가능하다. 생물학적 진화가 되돌아갈 수 없는 흐름이듯, 의식의 진화 또한 마찬가지다. 개인이 진정한 자각의 눈을 뜨고 본질을 바라보는 단계에 이르면, 세상과 자신을 바라보는 방식이 완전히 달라진다. 그리고 그 변화는 가속도를 타고, 결국 더 높은 차원의 삶을 향하게 만든다. 참된 변화는 제도나 권력에서만 나오는 것이 아니라, 사람들의 의식 수준이 한 단계 진화하는 데서 비롯된다. 그리고 그 변화는 언제나 세상을 바꾸겠다고 앞장서 떠드는 데서 시작되는 것이 아니라, 조용하고 깊은 사유에서 비롯된다.

3-4 극좌와 극우는 같은 수준이다

　이념 다툼의 본질은 무엇인가? 그것은 결국 거짓 동기를 상대에게 주입하는 고도의 이기심에 불과하다. 자신의 욕망을 추구하면서도, 상대에게는 '너는 네 욕망을 추구하고 있는 것'이라고 세뇌시키는 고도의 작업이다. 특히 정치판은 고상함이라는 탈을 쓰고, 인간의 가장 추악한 본성이 치열하게 드러나는 세계다. 어떻게든 사안을 쟁점화하여 혐오감과 적대감을 반복적으로 자극하고, 자신들이 원하는 방향으로 상대를 낙인찍기 위해 최선을 다한다. 자신의 아집을 기반으로 일반화를 시도하는 것도 흔한 방식이다.

　이러한 본질을 간파하게 되면, 좌파와 우파를 반대 개념으로 보기보다는, 그 극성에 비례하여 서로 같은 수준에 놓인 사람들로 이해하게 된다. 예컨대, 나는 옆과 같은 구조로 정치 성향을 평가한다.

　전제는 이러하다. 완전한 중용은 신적 관점이며,

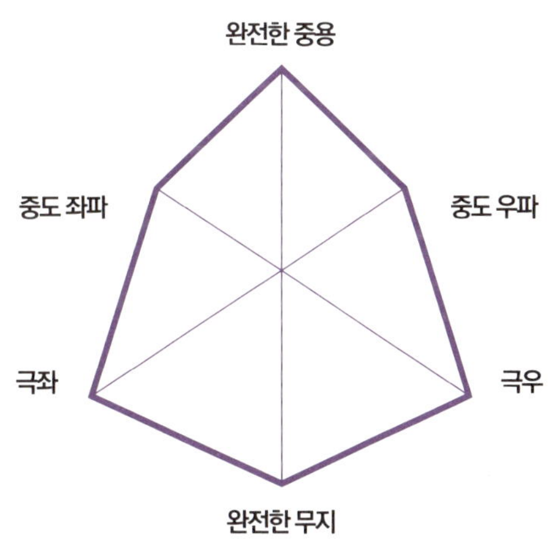

현존하는 모든 인간은 이 레벨에 도달할 수 없다. 다만, 모든 인간은 완전한 무지(0) 수준에서 완전한 중용(100) 수준으로 향해 가는 길목 어딘가에 놓여 있다. 극우와 극좌는 서로를 반대라고 인식하지만, 사실상 정신적 레벨은 같다.

과거 히틀러(극우)도 공산주의자들을 싫어했지만, 열성적인 좌파(극좌)에 대해 긍정적인 부분이 있다고 언급한 것으로 알려져 있다. 그 이유는 열성적인 공산주의자들이 강한 집단주의 정신과 혁명적 열정을 지니고 있었기 때문이다. 즉 방향만 전환하면 나치당에 유용한 인적 자원이 될 수 있다고 본 것이다. 쉽게 말하면, 왼쪽으로 강하게 치우친 사람일수록, 세뇌만 잘 시키면 오른쪽으로도 강하게 치우칠 수 있다는 뜻이다. 신념이 강하고 무언가에 맹종하는 성향이 강한 사람일수록 비판적 사고가 결여되어 있고, 메타인지가 잘 작동하지 않는 경우가 많기 때문이다.

대표적인 예가 바로 베니토 무솔리니다. 그는 소위 극우 파시즘을 창시한 인물이지만, 원래는 열성적인 사회주의자였다. 한때 노동당 간부이기도 했던 그는, 이후 극단적인 민족주의와 권위주의를 결합한 정치 이념을 내세우며 '파시즘'이라는 용어를 만들어냈다. 무솔리니 이후, 파시즘은 다른 극우 이념들과 결합되어 히틀러의 나치즘으로 확산되었다. 즉, 파시즘이라는 개념에서 '좌파냐 우파냐'는 구분은 의미가 없다. 모든 것이 뒤죽박죽 뒤섞여 있기 때문이다. 그런데 현대 사회의 좌파 정치꾼들은 '극우 = 파시스트'라는 일차원적인 공식을 굳게 믿으며, 자신들은 파시즘과 '반대 지점'에 놓여 있다는 확고한 신념을 가지고 있다. 그러나 극단으로 치우친 좌파와 우파 양쪽 모두에서 다음과 같은 공통적인 문제점들이 나타난다.

1. 전체주의적 통제

극우는 국가와 민족을 절대화하며, 개인의 자유보다 집단의 정체성을 우선시한다. 극좌는 평등과 사회적 정의를 절대화하며, 이를 위해 개인의 자유와 권리를 억압한다.

2. 이념적 독단주의

양쪽 모두 자신들의 이념이 유일하게 옳다고 믿으며, 반대 의견이나 다양성을 인정하지 않는다.

3. 악마화

극우는 특정 인종, 민족, 또는 외부 세력을 내부 문제의 원인으로 지목한다. 극좌는 자본가 등 특정 계층이나 전통적 권력 구조를 악의 근원으로 지목한다.

4. 폭력과 억압의 정당화

극우는 국가와 민족의 이름으로 폭력을 정당화한다. 극좌는 이상적인 사회 건설, 즉 혁명을 위해 폭력을 정당화한다.

예를 들어, 현대 사회의 극좌는 '정치적 올바름(PC)'과 사회적 정의를 강조하며, 이에 반대하거나 비판하는 사람을 쉽게 '악'으로 낙인찍는다. 나치가 '민족'이라는 집단 정체성을 강조했다면, 극좌는 '소수자 집단'또는 '피해 계층'을 중심으로 한 정체성을 강조한다. 나치가 반대 이념을 억압했던 것처럼, 극좌파 역시 자신들과 다른 의견을 '혐오 발언'또는 '반동적'이라고 규정하며 억압한다.

문제는, 나치가 극우 파시즘으로 분류되면서 극좌는 자동적으로 파시즘과 '반대'라고 착각하게 되었다는 점이다. 그러나 오늘날 극좌파가 보이는 성향은 본질적으로 과거 나치와 유사하다. 다만 그것이 발현되는 형태가 교묘하게 진화했을 뿐이다. 즉, 내용물은 같은데 다른 껍데기를 뒤집어썼다. 문제는 본인들은 절대 이를 알아차리지 못한다. 평균 이상의 메타 인지가 가능해야만 보이는 영역이기 때문이다.

 진짜 진보, 가짜 진보 l 깨어남의 진정한 의미를 묻다

극단이 문제다

극좌와 극우가 본질적으로 같은 수준이라는 사실을 아직도 이해하지 못하는 사람들이 많다. 단순히 정치적 성향이 다르다는 이유로 두 개념을 서로 완전히 대립하는 것으로만 여기는 경우가 흔하다. 하지만 이는 현상을 피상적으로 바라보는 태도일 뿐, 본질을 꿰뚫어 본다면 극좌와 극우는 실상 매우 유사한 특성을 공유하고 있음을 알 수 있다. 이를 쉽게 이해하기 위해 간단한 비유를 들어보자.

세 사람이 있다고 가정해 보자.

A : 동양인,　　연쇄 살인마,　　사이코패스
B : 서양인,　　연쇄 살인마,　　사이코패스
C : 동양인,　　평범한 시민

겉으로 보이는 외형적 특성만을 기준으로 삼는다면 A와 C를 같은 부류로 묶을 수 있다. 하지만 본질을 들여다보면 A는 오히려 B와 같은 부류로 묶이는 것이 훨씬 더 타당하다.

극좌와 극우를 하나로 묶는 것도 정확히 같은 원리다. 표면적으로는 상반된 신념처럼 보이지만, 사실상 이들은 동일한 특성을 공유한다. 극좌든 극우든 이념에 사로잡혀 있으며, 타인의 자유를 억압하고, 자신이 옳다고 믿는 가치를 절대화하며, 반대 진영을 악으로 규정하고 탄압하려는 경향을 보인다. 쉽게 말해, 서로 다른 것에 몰입해 있을 뿐, 정신적 수준은 동일하다.

사실 좌파나 우파라는 개념 자체가 문제의 본질은 아니다. 정치적 스펙트럼 내에서 다양한 견해가 존재하는 것은 자연스러운 현상이며, 다양한 입장들이 균형을 이루며 공존할 때 건강한 사회가 유지된다. 그럼에도 불구하고 많은 사람들은 좌파를 '진보적'이라고 여기며, 이를 지지하는 것만이 깨어 있는 태도라고 착각하곤 한다. 그러나 진정으로 깨어난다면 좌우의 개념 자체를 초월해야 한다.

특정한 이념에 치우쳐 사고하는 것이 아니라, 보다 넓은 시야로 세상을 바라보고 사물의 본질을 꿰뚫어야 한다. 이것이야말로 마치 하늘에서 인간 세상을 내려다보는 듯한 시선이며, 깊은 통찰의 경지다. 하지만 인간의 한계상 우리는 완전한 중용을 유지하는, 즉 완벽히 깨달은 존재가 될 수 없기에, 현실적인 차원에서 최선의 선택은 '중용을 유지하려는 노력'이 될 수밖에 없다.

여기서 핵심은 '현실적인 중용'이다. 이는 단순히 무조건적인 중립, 혹은 모든 사안에서의 중간적 태도를 견지한다는 뜻이 아니다. 중용은 흔히 양 극단의 중간 어디쯤에 서 있는 것이라고 오해되지만, 사실 진정한 중용은 보다 능동적인 태도에 가깝다. 즉, 관찰자의 입장에서 전체적인 흐름과 패턴을 읽으며, 사회가 한쪽으로 과하게 기울어질 때는 반대쪽에 손을 내밀어 균형을 조정할 줄 아는 태도를 의미한다. 이는 단순한 타협이 아니라, 보다 큰 그림을 이해하려는 지성의 발현이다.

그러나 이러한 태도를 유지하기 위해서는 인간과 사회에 대한 깊은 통찰이 요구된다. 표면적인 논쟁에 휘말리거나 감정적으로 반응하는 것이 아니라, 전체적인 흐름과 구조를 읽고 본질을 꿰뚫는 시각이 필요하다. 예를 들어 비타민은 적절할 때에는 건강에 이롭지만, 지나치면 오히려 해가 될 수 있다. 진보의 가치도 이와 다르지 않다. 사회에 꼭 필요한 요소지만, 그것이 절대화되거나 지나치게 강조될 경우, 오히려 균형을 잃고 이성이 흐려질 수 있다.

예컨대 중대한 범죄를 저지른 이에게도 최소한의 인권은 존중되어야 한다. 만약 그런 기본조차 무시되는 사회라면, 진보가 결핍을 메우는 중요한 역할을 할 수 있다. 그러나 그 기준이 지나쳐 상식에서 벗어난 낮은 형량이나 과도하게 편안한 수감 환경으로 이어진다면, 오히려 피해자의 인권이 침해되는 모순이 발생하게 된다. 이처럼 진보라는 가치도 과잉이 되면 조절이 필요하다. 단순히 '좋은 것이니 더 많을수록 좋다'는 식의 단선적인 발상은 위험하다. 진실은 결코 단순하지 않으며, 현상 너머의 본질을 파악하려는 태도야말로 진정으로 성숙한 사고방식이다.

3-5 왜 복종하고 선동되는가?

권위주의적 성향을 지닌 인간은 역설적으로 스스로 자유를 누리는 것을 두려워한다. 표면적으로는 자유를 외치는 듯 보이지만, 실제로는 자유에 내재된 책임과 불확실성을 감당하지 못해 스스로 구속을 선택하는 경우가 많다. 그들은 자유가 주는 고독과 자기 결정의 무게보다, 누군가가 정해주는 규칙과 위계 속에서 안도감을 느낀다. 이는 일종의 심리적 도피이며, 개인으로서 성숙하기보다는 집단 속에서의 안정과 소속감을 선택하는 경향이다.

그렇기에 이들은 홀로 서기를 시도하기보다는 언제나 강력한 보호자, 즉 독재자적 존재에 의존하려는 경향을 보인다. 독재적 리더가 제시하는 명확한 방향성과 강압적인 통제는, 오히려 이들에게 심리적 안정을 제공

 진짜 진보, 가짜 진보 l 깨어남의 진정한 의미를 묻다

한다. 자유보다 규율을, 자율보다 복종을 선호하는 것이다. 이처럼 자유의 외피를 입고 있는 구속의 본능은 권위주의자의 가장 내밀한 특성이다. 이는 노예적 사고방식, 즉 스스로 사슬을 원하는 심리 구조에서 비롯된다.

마광수 교수의 저서 『생각』에 이러한 본질을 날카롭게 꿰뚫는 문장이 있다. 저자는 '자신이 권위주의적 성격이 강할 때, 자기보다 강한 자에게 절대 복종함으로써 마조히즘적 피학의 쾌감을 얻는다'고 통찰했다. 이 문장은 권위주의적 인간이 단순히 두려움에 의한 복종이 아니라, 심리적 보상 메커니즘, 즉 고통 속의 쾌감을 통해 지배-복종 관계를 내면화하고 있다는 점을 정확히 짚어낸다.

그런데 아이러니하게도, 강한 권위주의 성향을 지닌 사람들이 '독재를 싫어한다'고 목소리를 높이는 경우도 많다. 겉으로는 민주주의를 부르짖지만, 그 이면에는 오히려 더 강력한 권력 구조나 절대적 기준이나 신념에 의존하고 싶어하는 내면의 심리적 이중성이 숨어 있다. 그들은 자신이 그런 존재에 끌린다는 사실을 인정하고 싶지 않기 때문에, 오히려 그 반대되는 페르소나를 만들어내고, 그 가면을 착용한 채 살아간다.

이러한 인간 심리의 복잡성과 모순을 이해하기 위해선 좀 더 깊은 통찰이 필요하다. 철학자 에릭 호퍼는 저서 『맹신자들』에서 이런 심리를 정교하게 분석한다. 그는 대중 운동이 추종자들을 끌어들이고 붙들어둘 수 있는 근본적인 이유로 '자기 발전 욕구를 충족시켜서가 아니라 자기 부정 열망을 충족시키기 때문이다.'라고 분석한다. 이 말은 매우 중요한 함의를 담고 있다. 즉, 어떤 신념에 깊이 빠진 사람은 자기 자신을 부정하고 지우기 위해, 보다 큰 무언가에 녹아들고 싶어 한다. 자기 존재의 불안정함과 무력함을 이념이나 지도자에게 투사함으로써 심리적 위안을 얻는 것이다. 그 과정에서 자율성과 비판성은 점점 약화되고, 맹신자가 되어버린다.

신념의 강화

우리의 믿음은 단순한 정보 수용의 결과물이 아니다. 인간의 인지는 수동적인 정보 저장이 아니라, 이미 형성된 신념을 지속적으로 강화하고 복제하려는 능동적 심리 기제에 의해 작동한다. 즉 정보를 받아들이는 동시에, 그것을 자신이 이미 믿고 있는 세계관에 맞춰 재구성하는 경향을 지닌다. 이처럼 믿음은 외부로부터 주입되는 것이 아니라, 스스로 선택하고 강화하는 과정의 산물이다.

그래서 사람들은 기존의 믿음을 뒷받침하는 정보는 매우 쉽게 받아들이는 반면, 그 믿음에 도전하는 정보는 무의식적으로 배척하거나 왜곡하려는 경향을 보인다. 이러한 선택적 수용의 패턴이 바로 '확증 편향'(confirmation bias)의 본질이다. 인간의 두뇌는 진실을 탐색하는 데에 최적화되어 있기보다는, 자신이 이미 옳다고 믿는 것을 입증하는 데에 훨씬 더 능숙하게 설계되어 있다. 이러한 편향은 원시 시대 생존을 위한 진화적 산물일 수 있지만, 현대 사회에서는 정보 왜곡과 극단화된 분열의 원인이 되기도 한다.

더 큰 문제는 이 인지적 기제가 미디어 환경과 이념적 집단에 의해 정교하게 활용된다는 점이다. 사실 자체는 뒷전이 되고, 신념에 봉사하는 정보만이 진실처럼 작동한다. 정치 집단이나 언론 매체는 이러한 인간 심리를 적극적으로 활용해 감정적 동원과 인식 왜곡을 유도한다. 자극적 헤드라인과 극단적인 담론은 소비자의 확증 편향을 자극하고, 점점 더 폐쇄적인 정보 소비 구조를 형성한다. 알고리즘은 사용자의 기존 성향에 부합하는 콘텐츠만을 끊임없이 제공하며, 결국 사고의 다양성과 균형 감각은 사라지고 만다.

이는 지식을 많이 쌓는다고 해결될 문제도 아니다. 오히려 신문을 많이 읽고, 책을 자주 접하며, 다양한 정보를 축적한 사람일수록 자신이 더 논리적이고 객관적이라는 착각에 빠지기 쉽다. 지식이 많다는 것은 단지 더 많은 논리적 무기를 가졌다는 것을 의미할 수도 있다. 프레임 자체를 벗어나기보다는, 오히려 그 프레임을 강화하고 옹호하는 기술만 정교해질 가능성이 크다. 그래서 지식인은 때로 더 위험하다. 성찰 없는 지식은 자기 편향을 정교하게 포장하는 기술로 전락할 수 있기 때문이다. 진정한 지성은 정보를 많이 아는 것이 아니라, 자신의 사고 과정이 얼마나 편향되어 있는지를 끊임없이 의심하고 돌아보는 능력에서 비롯된다.

결국 우리는 자유를 외치면서도 통제를 갈망하고, 진리를 추구하면서도 자신의 믿음을 정당화하려는 모순된 존재다. 인간은 이성적인 존재라기보다는 자기 확신을 합리화하는 존재이며, 그 과정을 통해 자신의 세계관을 안정적으로 유지하려 한다. 이 진실을 인식하고, 자신의 편향 가능성을 늘 경계하며 살아가려는 태도야말로 진정한 지성의 출발점이다. 비판적 사고란 타인을 공격하는 기술이 아니라, 자기 자신부터 비판할 수 있는 용기와 통찰에서 시작되는 것이다. 이 겸손한 자각이야말로 지식을 편향의 도구가 아니라, 성찰의 디딤돌로 바꿔주는 가장 강력한 힘이다.

 진짜 진보, 가짜 진보 I 깨어남의 진정한 의미를 묻다

3-6 키치를 간파하는 눈

키치(Kitsch)란 주로 예술, 디자인, 문화에서 사용되는 용어다. 일반적으로 저속하고 저급한 예술, 대량판매용으로 복제되거나 기존의 작품들을 짜깁기해서 만든 모조품, 또는 저질스러운 속성을 가진 예술, 문화적 상품을 통칭한다. B급을 당당히 표방하는 것이 아니라 겉으로는 A급인 것처럼 포장하는 예술이다. 과도하게 감상적이거나 인위적인 감정을 유발하려 한다. 그런데 키치라는 개념은 사회, 정치적 현상으로도 확대될 수 있다. 예를 들어, 전체주의 체제에서 인간의 복잡한 감정을 단순화하고 대중의 감정을 자극하여 선전, 선동에 매진하는 것도 키치의 한 예다. 체코를 대표하는 작가 밀란 쿤데라는 소설 『참을 수 없는 존재의 가벼움』을 통해 이를 표현했다. 다음의 대목을 감상해보자.

"첫 번째 눈물이 말한다. 잔디밭 위를 달리는 아이들의 모습은 얼마나 아름다운가! 두 번째 눈물이 말한다. 잔디밭 위를 달리는 아이들의 모습에 전 인류와 함께 감동한다는 것은 얼마나 아름다운가!"

두 번째 눈물이 바로 키치의 전형이다. 쿤데라는 키치를 '감동의 표면적인 형태'로 보고, 그것이 감정의 진정성과 깊이를 훼손한다고 본다. 한마디로 인간 존재의 복잡성에 대한 얕은 해석이다. 키치는 결국 순수한

미적인 감동이나 감정의 표출이 아니라, 보편적인 감동을 추구하는 생각으로 나아갔다. 순수한 감동이 당연히 느껴야 할 감동으로 변질된 것이다. 현대 사회에서 자주 맞닥드리는 PC주의와 감성 팔이의 심리적 기저다.

사람들이 키치에 쉽게 빠지게 되는 이유는 표면적으로는 그 아름다움을 부정하기가 힘들기 때문이다. 그래서 좋은 것은 모두가 좋다고 생각해야 한다는 극단적인 이데올로기로 변질되기 쉽다. 조화롭고 아름다운 세계라는 이상과 강박에 빠져 복잡성(현실)을 직시하지 못한다. 인간과 세상을 바라보는 인식이 단순하여 진정한 인간의 감정이나 존재를 깊이 이해하는 데 한계를 가질 수밖에 없도록 만든다.

밀란 쿤데라는 '공포 정치가 두려운 게 아니라 공포 정치가 진행하는 서정화 작업이 더 무섭다'는 말을 남겼다. 소설 『참을 수 없는 존재의 가벼움』에는 '나의 적은 공산주의가 아니라 키치예요!'라는 의미심장한 대사도 나온다. 즉 그가 말한 키치는 단순히 미학적 개념을 넘어선 진지한 철학적 고찰이다. 세상의 복잡성과 인간 존재의 진지함을 무시하고, 이를 단순화하여 감상적이고 도덕적인 형태로 변화시키려는 시도를 의미한다. 상대적이고 불완전한 현실을 아름답고 완벽한 환상으로 대신하려는 사람의 욕구가 어떻게 사회적, 정치적 이데올로기 속에 투영되는지, 그리고 그것이 인간 삶의 진정성을 어떻게 왜곡하는지를 곰곰이 생각해 볼 만하다.

러시아의 대문호 도스토옙스키는 부르주아에 대해 날카로운 비판을 가한 인물이다. 그러나 인간 본성에 대해 누구보다 깊이 고찰했던 그는 '사회주의자'가 되지는 않았다. 역시 키치(kitsch)를 혐오했다. 박애 정신에 대해서도 그는 외부에서 강요된 이념보다는, 박애적 가치에 스스로 이끌리는 내면의 본성을 더 중시했다. 그는 '박애주의'를 만들고 체계화하기보다는, 그것을 삶 속에서 느끼고 실천하는 데 더 가치를 두는 사람이었다. 무엇보다도 진실함과 진정성을 중요시했던 인물이었기에 가능한 일이었다. 그러한 유형의 인물이라면, 아무리 공감 능력이 뛰어나다 해도 결코 '사회주의자'가 될 수는 없다.

아무리 '좋은 가치'라 하더라도 집단 수준으로 발전하여 모두가 이를 공감하고 따를 것을 강요하는 것은 전체주의이자 파시즘일 뿐이다. 이것이 진보 집착적 사고의 본질이다. 정치적 관점을 과도하게 강조하면 인간 존재의 전반적인 현실을 협소하게 바라보게 된다. 정치는 삶의 일부일 뿐, 생존이나 감정적 충만함과 같은 근본적 필요보다 더 중요한 가치라고 볼 수 없다.

제4장
진보라는 장막

4-1 자유와 평등은 모순이 아니다

자유와 평등은 오랫동안 철학적, 정치적 논쟁의 중심에 있었다. 대개 이 두 개념이 서로 상충한다고 생각했기 때문이다. 즉, 자유를 추구하면 평등이 희생되고, 평등을 강조하면 자유가 제한된다는 주장이 일반적이다. 하지만 이는 자유와 평등에 대한 오해에서 비롯된 것이다. 오히려 자유와 평등은 상호 보완적이며, 반드시 서로를 토대로 해야만 그 본연의 가치가 구현된다.

자유는 타인의 권리를 침해하지 않는 범위 내에서 보장되어야 한다는 점에서 일정한 한계를 가진다. 만약 자유가 무제한으로 허용된다면, 강자가 약자를 억압하는 것이 당연해질 것이며, 이는 결과적으로 다수의 자유를 박탈하는 결과를 초래한다. 따라서 자유는 일정한 규범과 원칙 아래에서 유지되어야 하며, 이러한 규범은 평등의 원칙과 연결된다.

평등이라는 가치도 마찬가지다. 모든 개인이 자신의 자유를 최대로 누리는 상황에서 필연적으로 존재하는 위계는 '불평등'이 아니라 '공존'이다. 오히려 억지로 평등을 만들겠다고 외치는 것이 인간 본성을 제대로 이해하지 못한 독재적 사고방식이다. 즉 무조건적인 동일함을 추구하면 오히려 평등이라는 가치를 스스로 훼손하게 된다. 공산주의 사회가 평등을 최우선 가치로 내세운다 해도, 결국 소수의 엘리트와 관료들의 권력이 더욱 강력하고 절대적이 되는 이유가 바로 여기에 있다.

평등은 개개인의 차이를 무시하는 것이 아니라, 누구나 자신의 능력과 노력에 따라 공정한 기회를 가질 수 있도록 보장하는 것이다. 따라서 자유와 평등은 결코 상충하는 개념이 아니다. 오히려 평등이 보장될 때 모든 사람이 자유를 향유할 수 있는 사회적 기반이 마련된다.

애초에 자유와 평등을 대립 구도로 바라보는 것은 무의미하다. 자유가 지나치면 방종이 되고, 평등이 지나치면 전체주의가 된다. 결국 핵심은 균형이다. 법과 제도를 통해 최소한의 평등을 보장함으로써 사회적 약자가 자유를 누릴 수 있도록 하고, 동시에 개인의 자유로운 선택을 존중함으로써 창의성과 다양성을 촉진해야 한다.

이러한 균형이 유지될 때 개인은 자신이 원하는 삶을 살 수 있으며, 사회 전체적으로도 더 높은 수준의 발전을 이룰 수 있다. 따라서 우리는 자유와 평등을 대립적인 개념으로 볼 것이 아니라, 서로를 강화하는 관계 또는 상호 보완적인 요소로 이해해야 한다. 프랑스 혁명의 3대 구호인 '자유, 평등, 박애'는 현대 사회에서도 여전히 유효한 사회적 이상을 담고 있다.

저차원적 좌우 구분과 파시즘

한국의 정치 현실에서 좌파는 우파를 권위주의적 집단으로 프레임 씌우는 경향이 강하다. 물론 서구권에서도 비슷한 현상이 있다. 예를 들어, 미국에서도 좌파 진영은 트럼프나 공화당 세력을 반민주적 집단 혹은 '파시스트'라고 부르는 경우가 많다. 따라서 일반적으로 '우파 = 극우 = 파시즘'이라는 인식이 널리 퍼져 있지만, 이는 완전히 잘못된 오해다.

이를 이해하려면 먼저 용어 정리부터 해야 한다. '우파'란 정치적 스펙트럼에서 상대적으로 오른쪽에 위치한 세력을 의미하며, '극우'는 그 스펙트럼의 가장 끝 지점을 뜻한다. 문제는 이 개념 자체가 단일한 성향을 함의하지 않으며, 국가나 사회 집단의 특성에 따라 그 내용이 다를 수 있다는 점이다.

예를 들어, 일본의 극우는 일본 제국의 식민지 확장과 군국주의 시대와 밀접한 관계가 있다. 일본은 과거 군국주의 정치 체제를 가졌으며, 이는 현대 일본 극우 세력에도 영향을 미쳤다. 일본 극우는 강한 민족주의를 강조하며, 특히 일본 제국주의 시절의 영광을 되찾자는 주장을 펼치는 경우가 많다. 이러한 맥락에서 파시즘이란 표현은 충분히 어울릴 법 하다.

반면, 한국의 극우는 근간이 완전히 다르다. 한국의 극우는 한국전쟁의 역사적 상처와 밀접하게 연결되어 있으며, 반공주의를 강조하는 경향이 강하다. 주로 북한과의 관계에서 강경한 입장을 취하며, 민족주의보다는 반공산주의적 색채가 더 짙다. 따라서 자유시장경제와 자유민주주의 수호를 중요하게 여기는 경향이 강하다. 즉, 같은 '극우'라는 단어를 사용한다고 해서 그 성격이 모두 유사하다고 보는 것은 크나큰 착각이자 무지다.

반대로 한국에서는 오히려 좌파가 민족주의 성향을 더 강하게 띠는 경향이 있다. 예를 들어 '우리민족끼리'라는 식의 가치에 더 큰 중요성을 두는 경우가 많다. 독일의 작가 히토 슈타이얼의 저서 『진실의 색』에서는, 어떤 집단이 자신들의 공동의 기원을 인식하고 그 동일시를 통해 공동체를 형성하는 것은 일종의 신화와 같다는 통찰을 제시한다. 저자는 '운명공동체라는 개념이 정치적으로 반동적일 뿐만 아니라, 파시즘 이데올로기의 주춧돌이기도 하다'고 지적한다. 다시 말해, 파시즘이 '오른쪽'의 전 유물이라는 발상은 지극한 무지에서 비롯된 오해일 뿐이다.

일반적으로 정치 성향을 논할 때 사람들은 일차원적으로 '좌-우'의 스펙트럼 안에서만 생각하지만, 실제로는 좌-우뿐만 아니라 권위주의 (authoritarian) - 자유주의(libertarian) 차원도 존재한다. 예를 들어, 미국과 유럽에서 널리 사용되는 'Political Compass'(정치 좌표계)를 보면, 단순한 좌파(Left) vs 우파(Right) 이분법이 아니라 두 개의 축을 사용하여 정치적 성향을 분석하는 모델임을 알 수 있다.

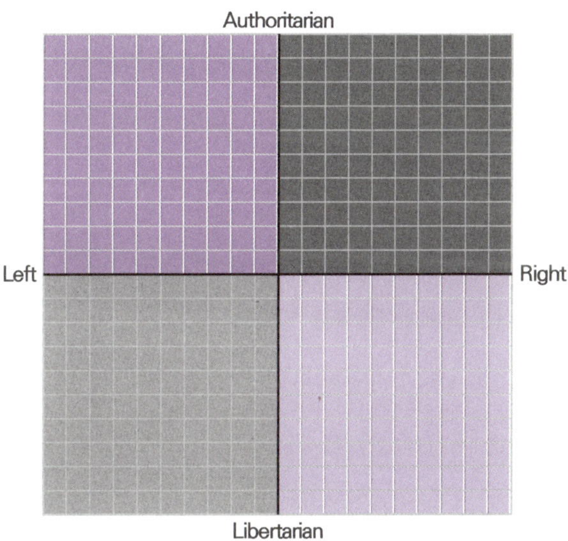

가령 '독재' 성향은 권위주의(authoritarian)와 밀접한 관련이 있지만, 이는 결코 좌우 어느 한쪽의 전유물이 아니다.

민주주의와 파시즘의 차이

그렇다면 파시즘(fascism)이란 무엇인가? 이는 구체적인 이념적 특성을 지닌 극단적인 정치 체제나 운동을 의미한다. 예를 들어, 과거 독일의 나치즘 같은 극단적인 전체주의 체제가 이에 해당한다. 독일 철학자 에리히 프롬은 저서 『자유로부터의 도피』에서 민주주의와 파시즘의 본질적 차이는 단 하나뿐이라고 통찰한다. 요약하자면, 민주주의는 개인의 완전한 발전을 최우선으로 삼고, 이를 위해 경제적·정치적·문화적 조건을 창출해 내는 체제다. 반면, 파시즘은 개인을 집단과 사회의 목적에 종속시키려는 특성이 강하다.

여기서 우리는 중요한 단서를 발견할 수 있다. 어떤 목적이 극단으로 치닫아 지나친 권위주의나 전체주의로 변질되면, 그것이 좌파든 우파든 상관없이 파시즘이 될 수 있다는 점이다. 논란의 여지는 있지만, 이론적 정의보다 본질에 주목하면 그렇게 볼 수 있다는 뜻이다. 말하자면, 과거의 나치 독일(극우)과 현재의 북한(극좌)은 모두 파시즘 체제라고 볼 수 있다. 물론 일반적인 파시즘의 정의에는 '반공산주의' 요소가 포함되지만, 이는 표면적인 차이에 불과하며 두 체제의 본질은 유사하다. 즉, 핵심은 '좌파냐 우파냐'가 아니라, 극단으로 치닫는 양극단이 본질적으로 닮아 있다는 점이다.

이런 비유를 들 수 있다. 사람을 죽인 살인자가 두 명 있는데, 한 명은 칼로 사람을 죽였고 다른 한 명은 총으로 사람을 죽였다. 그들의 살인 도구가 다르다고 해서 그들이 서로 다른 부류의 인간인 것은 아니다. 본질은 칼이냐 총이냐가 아니라, 그저 살인자일 뿐이라는 사실이다. 현대 사회의 정치판에서 벌어지는 프레임 싸움은 전혀 핵심이 아닌, 즉 칼이냐 총이냐에만 방점을 두고 서로 다르다고 싸우는 유치한 말장난에 불과하다. 즉, 히틀러가 극우이고 김정은이 극좌라고 해서 그들이 서로 반대편에 서 있다고 볼 수는 없다. 오히려 극단으로 치달았기 때문에, 공통된 속성을 지닌다.

실제로 서방 국가의 네오나치 같은 극우 인종차별주의자들이 북한을 찬양하는 경우도 있다. 이들은 미국과 유럽이 이민자 유입과 혼혈화로 인해 '오염되고 있다'고 주장하며, 오히려 북한을 순수 혈통을 강조하는 '청정 국가'로 묘사하기도 한다. 결국, 어느 진영이 '파시즘적'인지 구별하는 데 있어 '좌파냐 우파냐'를 따지는 것은 무의미하다. 양쪽 다 그런 '요소'

를 내재하고 있기 때문이다.

이러한 것들을 전제로 했을 때 우리는 어떤 방향을 지향해야 할 것인가? 물론 이상적으로는 중도를 유지하는 것이 가장 바람직하다. 끊임없이 독립적인 사고를 기르고, 어떤 사안의 인과적 질서를 파악하려는 노력이다. 지성인이라면 그렇게 중도와 중용을 견지하려는 자세가 필수적이다. 하지만 현실 세상에서는 어쩔 수 없이 좌·우 중 하나를 선택해야 하는 상황이 많다. 이런 맥락에서는 차악(the lesser evil)을 선택하는 것이 차선(sub-optimal)이며 이를 위해 다음과 같은 요소들을 고려해야 한다.

어느 쪽이 광기가 더 심한가?
어느 쪽이 극단적인 민족주의를 주장하는가?
어느 쪽이 개인 통제를 더 강화하려 하는가?
어느 쪽이 전체주의적 성향이 더 강한가?

예를 들어, 20세기 초 독일에서는 극우의 광기가 더 심했고, 이를 파시즘으로 정의할 수 있다. 이럴 경우 좌파를 선택하는 것이 차악이었다. 반면, 현재 한반도의 상황을 보면, 극좌로 대변되는 북한의 광기가 더 심하며, 북한이야말로 파시즘 체제의 전형이다. 다시 한 번 강조하지만, 이는 '이론적 정의'가 아니라 '본질'을 따졌을 때 그렇다는 뜻이다.

이런 맥락에서 보면, 대한민국에서 반공주의적 성향을 강하게 드러낸다고 해서 이를 파시즘이라고 비난하는 것은 본질을 완전히 왜곡하는 것이다. 현재 한국의 극좌 세력은 같은 대한민국 내 우파보다도 북한이나 중국과 더 가까운 정체성을 가지고 있다. 이것을 결코 진보적 발상이 아니다. 파시즘적 성향에 더 가까운 세력이 자신들과 의견이 다르면 상대를 '파시스트'로 규정하는 것은 코미디에 가깝다.

4-2 반은 좌파, 반은 우파

A, B, C는 각기 다른 성향을 지닌 세 사람이다. A는 매사에 감정을 우선시하며 상대의 기분에 공감하지만, 이성적인 판단은 부족하다. 반면 B는 항상 상황을 논리적으로만 바라보고 감정을 배제한다. C는 이성과 감정을 모두 인정하며, 자신의 내면에 지닌 복잡하고 미묘한 감정을 있는 그대로 받아들인다. 이는 모순처럼 보일 수 있지만, 사실 인간의 감정과 현실이 공존하는 자연스러운 모습이다.

그러나 사회에서 살아가려면 A나 B처럼 한쪽으로 치우치는 편이 더 적응하기 쉽다. 어느 한쪽 편에 서야 집단이나 조직의 보호를 받기 유리하기 때문이다. 우리는 어릴 때부터 복잡한 감정을 있는 그대로 받아들이기보다는, 명확한 판단과 구분이 중요하다고 배우며 단순화된 사고방식을 강요받는다. 따라서 C와 같은 방식으로 사고하면 이도저도 아니라는 이유로 주변의 오해와 비난을 사기 쉽다. 소위 회색분자라는 꼬리표가 붙기도 한다. 그러나 자기 자신의 복잡한 내면을 가장 잘 이해한 것은 C의 경우다. 자신을 더 깊이 이해하는 것은 곧 세상을 더 깊이 이해하는 것과 같다. 따라서 개인의 사고가 확장될수록 C 유형의 태도가 자연스럽게 자리 잡는다.

이와 같은 양면성을 가지고 있는데 정작 자기 자신은 알아차리지 못하는 경우도 많다. 언어학자 조지 레이코프의 저서 『나는 진보인데 왜 보수의 말에 끌리는가?』에서는 '이중개념 소유자'라는 표현을 소개한다. 이는 자애로운 보수주의자와 엄격한 진보주의자로 대변되는데, 쉽게 말하자면 이런 내용이다.

A는 민주당원이다. 자애로운 부모의 이상을 정치와 가정생활에 적용하지만, 직장 등 일적으로 얽힌 관계 내에서는 매우 엄격한 아버지상에 의지한다.

B는 공화당원이다. 정치적 이상에서는 엄격한 모습을 보이지만, 동물

을 사랑해서 동물 보호정책에 관해서는 자애로운 가치를 추구한다.

이 두 사람 중 누가 엄격한 사람이며 누가 자애로운 사람이라고 자신 있게 말할 사람이 있는가? 이처럼 대부분의 사람들은 삶의 다양한 영역에서 서로 다른 도덕적 기준을 적용하며, 때로는 상충되는 행동을 보이기도 한다. 사실상 이런 사람들이 뒤섞여 있는 것이 우리 사회의 모습이며, 그것이 본질이다. 그런데도 우리는 어떤 가치를 흑과 백 논리로 나누어 니편 내편을 구분하려고 한다. 이는 현실을 지나치게 단순화하는 오류이며, 그러한 사고방식이야말로 사회적 갈등을 부추기는 원인이 된다. 우리는 이러한 허망한 구분법에서 벗어나야 한다. 그것이야말로 진정으로 깨어나는 것이다. 그러나 흔히 말하는 '좌파는 곧 진보이고, 진보를 지지하면 깨어난 것'이라는 식의 일차원적 발상은 망상에 불과하다. 다시 한 번 강조하지만, 진정한 깨어남이란 어느 한쪽의 편을 드는 것이 아니라, 이념의 프레임을 초월하는 것이다.

유연한 생각과 위선의 차이

우리가 깊이 고민해봐야 할 것은 단순히 이쪽이냐 저쪽이냐 하는 가치의 대립이 아니다. 중요한 것은 전체적인 맥락을 보고, 그것이 '유연한 생각(flexible thinking)'인지 '위선(hypocrisy)'인지를 분별하는 것이다. 유연한 생각과 위선은 엄연히 다르다.

유연한 생각은 다양한 관점이나 상황에 따라 사고를 조정하고, 고정 관념이나 기존의 신념에 얽매이지 않고 문제를 해결하는 태도를 의미한다. 이는 열린 마음과 비판적 사고를 포함하며, 다양한 가능성을 수용하고 다른 사람의 의견을 존중하는 자세를 말한다. 유연한 생각을 가진 사람은 새로운 정보나 환경 변화에 적응할 수 있으며, 특정 관념을 절대적인 것으로 여기지 않는다. 이러한 태도는 진실을 찾고 더 나은 결정을 내리고자 하는 노력의 일환이며, 복잡한 사회 속에서 더욱 현실적인 대응을 가능하게 한다.

반면, 위선은 자신의 말이나 행동과 실제 의도나 신념이 일치하지 않는 상태를 의미한다. 예를 들어, 다른 사람에게 도덕적 기준을 강요하면서 정작 자신의 행동은 그 기준에 부합하지 않는다면 이는 위선이다. 또한, 특정 상황에서는 자신이 주장하는 도덕적 원칙을 강조하면서도, 개인적인 이익이나 편의를 위해 그 원칙을 쉽게 무시하는 것도 위선의 한 형태다. 위선은 외면상으로는 도덕적이거나 올바른 척하지만, 실제로는 그렇지 않다는 점에서 부정적이고 비윤리적인 것으로 간주된다.

 진짜 진보, 가짜 진보 | 깨어남의 진정한 의미를 묻다

결국 중요한 것은 우리가 얼마나 유연한 사고를 유지할 수 있는가이다. 사회는 복잡하고, 개인의 내면도 다층적이며 모순적일 수밖에 없다. 이러한 현실을 인정하고, 다양한 시각을 포용하는 태도가 필요하다. 하지만 동시에 우리는 자신이 유연한 사고를 하고 있는지, 아니면 단순히 편리한 논리를 내세워 위선을 정당화하고 있는지를 끊임없이 점검해야 한다. 그 차이를 명확히 인식하는 것이야말로 성숙한 사고의 핵심이며, 진정한 지적 성장과 사회적 조화로 나아가는 길이다.

그들은 왜 돌아섰는가?

20세기 초반 활동했던 영국의 작가 조지 오웰은 전체주의와 사회적 불평등을 강하게 비판한 인물이다. 그는 파시즘과 권위주의적 사회를 비판했다. 한때 마르크스 이론을 기반으로 한 사회주의 조직에 몸담았으나 이내 그 체제의 모순과 폭력성에 환멸을 느끼고 공산주의도 비판했다. 계급 불평등과 빈곤을 비판하면서도, 개인의 자유를 억압하는 사회주의 체제의 문제점도 지적했다. 한마디로 그는 일방적으로 좌파나 우파의 편을 드는 인물이 아니었다. 필요와 신념에 따라 진정성 있게 양쪽을 다 비판하는 합리주의자였다. 개인의 이익을 위해 입장을 요리조리 바꾸는 미꾸라지가 아니었다. 진실된 눈으로 세상을 바라봤기에 양쪽의 흠결이 자명하게 보였고, 그것을 있는 그대로 말했을 뿐이다.

현대 사회에서 활발히 활동 중인 인물로 유사한 인물을 꼽자면 캐나다의 심리학자 조던 피터슨 교수를 예로 들 수 있겠다. 그 또한 지극히 상식적이고 합리적인 말만 하는 사람이다. 우파고 좌파고를 떠나서, 전체 상황을 종합해, 지극히 상식적인 선을 찾으려 노력하는 생각하는 인간 유형이다. 하지만 상식적인 발언을 했다는 이유로 전 세계 좌파들의 적이 되어 버렸고, 그들로부터 극우로 낙인찍혔다. 나는 조던 피터슨 교수가 한국에 잘 알려지기 전인 2018년 초부터 그의 행보를 유심히 지켜봐 왔다. 그는 지극히 독립적인 사고를 하는 사람이다.

사실 피터슨은 한때 캐나다에서 좌파로 분류되는 신민주당(NDP, New Democratic Party)을 지지했던 인물이다. 비교적 좌파적인 입장을 가졌으며, NDP의 사회민주주의적 정책을 옹호했었다. 하지만 시간이 지나면서 점점 지나친 정부 개입과 좌파 이념에 회의적인 태도를 가지게 되었고, 특히 정치적 올바름(PC), 강제적 언어 사용(compelled speech), 정체성 정치(identity politics)와 같은 주제에서 좌파적 입장을 비판하는 입장으로 기울었다.

그의 정치적 변화는 개인의 자유와 책임을 강조하는 철학적 입장과 연관이 있다. 초기에는 사회적 불평등을 해결하려는 좌파적 접근에 공감했지만, 시간이 갈수록 지나치게 말도 안 되는 억지 주장을 펼치는 좌파적 정책을 비판하게 된 것이다. 일차원적인 세계관으로 이를 바라보면 배신자나 미꾸라지처럼 보일 수 있지만, 진실은 그가 단지 '생각하는 사람'일 뿐이라는 것이다.

조던 피터슨은 이러한 좌파적 정체성 정치가 개인보다 집단을 우선시하며, 사회를 억압자(oppressor) 대 피해자(victim)로 나누는 이분법적 사고라고 강하게 비판한다. 그리고 이러한 정체성 정치가 전체주의적 사고로 이어지고 있는 현대 사회의 분위기를 강하게 경고한다. 사회가 정체성 중심으로 나뉘면, 결국 편가르기 현상과 극단주의가 심해질 것이라는 이유에서다. 그의 사상은 단순한 정치적 입장이 아니라, 인간의 심리와 사회 구조를 깊이 이해하는 학자의 시각에서 나온 비판이기에 더욱 의미가 있다.

세계적인 기업인 일론 머스크의 경우도 마찬가지다. 그는 오랫동안 민주당을 공개적으로 지지해 왔으며, 환경 문제와 친기업 정책 등에서 민주당과 유사한 입장을 보였다. 특히, 전기차 산업을 육성하는 정책과 재생에너지 확대를 추진했던 오바마 행정부 시절에는 민주당 후보들에게 기부하기도 했다. 하지만 최근 몇 년 동안 그는 민주당과 거리감을 두고 공화당 쪽으로 기울어졌다. 2022년에는 트위터를 통해 "나는 과거에는 민주당을 지지했지만, 이제는 공화당을 지지하겠다"라고 밝히기도 했다. 그는 민주당이 '너무 좌경화'되었다고 비판하면서, 특히 기업 규제와 표현의 자유 문제를 큰 문제로 지적했다. 아이러니하게도 민주주의라는 가치를 지나치게 주장하는 쪽이 오히려 민주주의를 해친다는 뜻이다.

좋은 것도 '극'으로 가면 파괴의 에너지가 된다. 이것은 세상의 이치다. 아무리 좋은 음식도 지나치게 먹으면 독이 되듯 말이다. 현재 글로벌 트렌드를 보면 선과 정의, 올바름, 진보라는 우산을 뒤집어쓴 좌파가 '우리 모두가 무조건 올바라야 한다'며 표현의 자유를 억압하는 단계에 이르렀다. 변형된 형태의 전체주의다. 이래서 헷갈린다.

과거에 억압이라 하면 정부나 권력을 가진 자가 언론과 여론을 직접적으로 누르고 통제하는 방식이었다. 하지만 지금은 어떤 이데올로기가 정치적으로 올바르다는 선을 만들어 놓고, 이를 대중에게 주입하는데 많은 공을 들인다. 그리고 그 기준에 부합하지 않으면 언론과 대중의 압력으로 개인을 압박하는 방식으로 전체주의가 진행된다. 즉 인격 살해(Character Assassination)의 방식으로 상대를 짓밟아버리는 형태다. 사실상 똑같은 억압인데 방식만 교묘하게 달라진 것이다. 당하는 사람은 '그것은 옳지 않아'라는 프레임에 맥을 못 추고 무자비한 공격에 휘말리게 되어 버린다. 이런 방식은 전통적인 권위주의 정권이 아닌, 사회적 압력과 대중의 여론을 통해 이루어진다는 점에서 더욱 교묘하다.

변화가 곧 진보라고 착각하는 것은 매우 위험한 사고 방식이다. 변화는 반드시 신중한 검토와 논리를 바탕으로 이루어져야 하며, 감정적이고 이데올로기적인 압력에 의해 강요되어서는 안 된다. 결국 현대 사회에서 우리가 고민해야 할 것은 좌파냐 우파냐의 이분법적 사고가 아니라, 독립적이고 논리적인 사고다. 조지 오웰, 조던 피터슨 모두 이러한 고민을 직접적으로 겪은 인물들이다. 그들은 단순한 정치적 입장을 떠나, 인간의 자유와 사회적 균형을 고민하는 사상가이자 실천가들이다. 물론 우리가 배워야 할 것은 그들의 입장이 아니라, 그들이 가진 독립적 사고와 진실을 추구하는 태도이다.

4-3 진보라는 가치의 의의

진보란 궁극적으로 더 나은 사회를 향한 변화와 개혁을 지향하는 움직임이다. 과거에 당연하게 받아들여졌던 불평등, 차별, 기득권 구조에 문제를 제기하고, 보다 공정하고 평등한 사회를 만들어가려는 집단적 의식이 진보의 핵심이다. 이러한 진보적 가치가 근현대 사회에 끼친 긍정적인 영향은 매우 크다.

무엇보다 민주주의의 외연을 넓히는 데 큰 역할을 해왔다. 한때 권력은 특정 계층이나 성별에 집중되어 있었지만, 진보적 흐름은 개인의 정치적 권리를 확대하는 데 결정적인 기여를 했다. 여성의 참정권, 흑인의 시민권 운동, 노동자의 정치 참여 확대 등은 모두 진보가 이끌어낸 역사적 진전들이다.

사회복지 제도의 확산에도 중요한 역할을 했다. 단순한 자유를 넘어서 사회적 평등을 중시한 진보적 시각은, 국가가 시민의 기본적인 삶을 보장해야 한다는 인식을 사회 전반에 퍼뜨렸다. 공공의료 체계, 실업급여, 무상교육, 최저 생계 보장 제도 등은 이러한 가치에서 비롯된 정책들로, 사회의 안정성과 지속 가능성을 높이는 데 기여했다.

노동 환경 개선 역시 진보의 성과 중 하나다. 산업화 이후 열악한 노동 조건 속에서, 진보는 노동자의 권익 보호를 위한 목소리를 내왔다. 노동조합, 파업권, 산업안전 규정 등은 진보적 요구가 제도화된 결과이며, 지금 우리가 당연하게 누리는 노동 환경의 근간이 되었다. 그뿐만 아니라 성별, 인종, 성적 지향, 장애 등 다양한 영역에서 진보는 법과 제도, 그리고 사회문화적 인식을 변화시키는 데 기여해왔다.

현대 사회에서 진보의 그림자

진보는 근현대 사회 발전을 이끌어온 중요한 원동력 중 하나다. 누구도 이를 부정할 수 없다. 불평등에 맞서고, 기득권 질서를 흔들며, 더 나은 사회로 나아가려는 끊임없는 움직임은 인간의 존엄성과 사회적 연대의 가치를 실현해왔다. 그러나 현대 사회에 이르러, 진보의 가치가 과도하게 강조되거나 왜곡되는 경우가 빈번하게 나타나고 있다. 사회의 불균형을 바로잡기 위해 등장했던 진보가, 새로운 불균형을 만들어내는 역설적 상황에 직면하게 된 것이다.

가장 큰 문제 중 하나는 도덕적 독선이다. 진보 진영은 종종 '더 윤리적인 쪽'으로 간주되며, 이에 따라 다른 의견을 배척하는 경향이 심화되고 있다. 다양한 목소리를 수용해야 할 자리가, 오히려 일방적인 도덕적 잣대로 가득 차면서 건전한 사회적 논의가 위축되고 있다.

또한 피해자 중심주의의 과잉도 문제로 지적된다. 소외된 사람들의 목소리를 대변한다고 하지만, 그 흐름이 감정을 우선시하는 방향으로 전환

되면서 객관적 사실보다 감정에 의존하는 문화가 자리잡고 있다. 이로 인해 때때로 합리적 비판이 억압되며, 사회적 갈등은 '가해자 대 피해자'의 이분법으로 단순화되는 경향이 있다.

진보의 또 다른 문제점은 상징적인 변화에만 집중하는 경향이다. 가령 특정 용어 변경이나 동상 철거와 같은 상징적 행위에 지나치게 몰두하는 반면, 실제 사회 구조의 변화를 이끌어내는 데는 상대적으로 소홀해지는 상황이 발생하고 있다. 실질적인 문제 해결보다는 '보여주기식 변화'가 더 중요한 것으로 여겨지는 경우가 많다. 그뿐만 아니라 표현의 자유가 억제되는 것도 우려스러운 점이다. 정치적 올바름은 사회적 배려를 가능하게 하는 중요한 도구이지만, 그것이 지나치게 확대되면 자기 검열과 언어의 억압으로 이어질 수 있다. 이 경우, 다양성을 추구하는 진보가 오히려 그 다양성을 억누르는 모순에 빠질 수 있다.

비타민은 우리 몸에 좋지만, 과하면 오히려 건강에 해를 끼친다. 진보의 가치도 마찬가지다. 반드시 필요하지만, 그것이 지나치게 절대화되고 과도하게 강화될 때, 사회는 건강한 균형을 잃고 이성을 상실하게 된다. 오늘날 우리가 마주하고 있는 현실이 바로 그 증거다.

예를 들어, 성 평등이라는 진보의 가치는 모두가 동의하는 방향이다.

하지만 최근에는 남성 운동선수가 성전환 수술 후, 여성 종목에서 경쟁하는 일이 발생하고 있다. 신체 조건이 생리학적으로 다른 선수들이 여성 선수들과 경합하면서, 여성의 권리가 침해되는 아이러니가 벌어지고 있다. 원래 진보는 약자를 보호하는 것이었지만, 그 보호의 논리가 이제는 또 다른 약자를 만들어내는 상황에 놓였다. 또 다른 사례는 범죄자 인권 보호에 대한 과잉이다. 범죄자 역시 인권을 존중받아야 한다는 원칙은 중요하지만, 최근 범죄자 인권 보호가 지나쳐서 피해자의 권리는 종종 뒷전으로 밀리고 있다.

여성 인권 운동 역시 비슷한 문제를 겪고 있다. 여성의 권리 확대와 기회의 평등을 추구하는 진보의 흐름은 역사적으로 중요한 성과를 이루었지만, 일부에서는 이러한 운동이 '여성 우월주의'로 변질되는 양상이 나타났다. 노동권 보호도 본래 진보의 상징적인 성과였다. 그러나 일부 노동조합은 이제 더 이상 약자의 대변자가 아니라, '귀족 노조'로 불리며 기득권을 지키는 새로운 권력층으로 변모했다. 그들은 비정규직과 중소기업 노동자들과의 연대보다는, 자기 이익 보호에 집중한다.

진보라는 이름만으로 모든 것이 정의가 되는 풍조 속에서, 비이성적인 주장도 면죄부를 얻는 시대가 되어버린 것이다. 이념과 감정이 이성을 압도하고, 균형보다는 편향이 사회를 이끌어 가는 현상은 매우 위험하다.

또한 70~80년대에 민주화 운동에 참여했다는 이유만으로 지금까지, 그리고 앞으로도 줄곧 진보 진영만을 지지하겠다는 태도는 지나치게 일방적이다. 그것은 진보나 민주화의 본질을 제대로 성찰하지 않은 채, 특정 신념에 매몰된 상태라고 볼 수 있다.

진보는 절대선이 아니며, 시대에 따라 진화하고 스스로를 성찰하는 과정이어야 한다. 진보가 그 본래의 가치를 유지하기 위해서는 도덕적 우월감과 이념적 경직성을 버리고, 균형 잡힌 시각을 회복할 필요가 있다. 즉 우리가 경계해야 할 것은 진보 그 자체가 아니라, '과잉된 진보'와 '무비판적인 진보 숭배'이다. 좋은 가치가 건강하게 기능하려면 균형과 성찰이 뒷받침되어야 한다.

'진보'와 '보수'라는 개념의 모순

한국 사회의 정치 지형에서는 일반적으로 좌파가 '진보', 우파가 '보수'라는 타이틀을 가지고 있다. 그러나 이는 왜곡된 인식이다. 우선 하나의 예를 들어보자. 국제적인 기준에서 보자면 일반적으로 진보 세력은 보편적 인권을 더 강조한다. 진보적인 정치 이념은 주로 사회적 평등, 인간의 권리 보호, 그리고 약자와 소수자의 권리를 강화하는 데 초점을 맞춘다는

 진짜 진보, 가짜 진보 | 깨어남의 진정한 의미를 묻다

것은 잘 알려진 사실이다.

그런데 소위 '한국의 진보'세력은 북한 주민의 인권 문제에 대해 침묵하고, 반대로 보수 세력이 북한 인권에 대해 목소리를 높인다. 이는 한국의 진보(좌)와 보수(우)가 국제 사회 기준과는 거꾸로 된 목소리를 내고 있는 우스꽝스러움의 대표적인 예다. 왜 이와 같은 모순이 발생하는가? 그 뿌리를 찾아보려면 우선 대한민국의 정부 수립과 민주화 운동 과정을 전일적으로 이해해야 한다. 어느 쪽 편을 드는 일방적인 시각이 아니라 어디서 부터 무엇이 잘못되었는지 그 흐름을 파악해야지만, 진실이 눈에 보인다.

1940년대 후반 일본 제국의 패망과 함께 이승만은 대한민국 정부를 수립했다. 이 때 북한의 공산주의와 대립되는 개념인 자유민주주의를 표방했다. 그 뒤를 이은 것이 박정희 정권이며 본격적인 군사 독재 체제가 시작되었다. 우선 자유민주주의라는 거시적인 방향 설정만큼은 분명히 현명한 판단이었고, 또 그것이 옳았음은 후대에 충분히 증명되었다. 하지만 그 체제 운용을 함에 있어 첫 단추가 잘못 끼워져 모순이 발생한 점 또한 분명한 사실이다. 자유민주주의는 기본적으로 개인의 자유, 시장 경제를 강조하며, 국가의 개입을 최소화하고 개인의 권리를 보호하려는 이념이다. 하지만 권위주의적인 정치체제와 군사 독재, 그리고 권력자들의 부패는 자유민주주의적 가치와는 모순 되는 점이 분명히 있었다. 이를 테면 성능 좋은 자동차(체제)를 미숙한 드라이버(권력자)가 모는 형국이었다.

즉 초창기 대한민국 정부는 자유민주주의를 중요한 원칙으로 삼았으나, 당시 정치 상황에서는 그 구체적인 개념을 완전히 확립하는데 한계가 있었다. 심지어 자유민주주의를 주장하는 엘리트들의 의식 수준조차 진정한 자유민주주의의 가치를 충분히 내재화하기에는 무리인 단계였다. 그뿐만 아니라 남북의 이념 대립 또한 극심한 시기였다. 어느 날 갑자기 나라가 반으로 갈렸지만, 북한에 있는 모든 사람이 공산주의를 지지하고, 남한에 있는 모든 사람이 자유민주주의를 지지하는 것도 당연히 아니었기 때문이다. 남북간 치열한 정치 공작도 난무하던 시기였다. 그러다 보니 진정한 의미에서의 자유민주주의의 실현은 여러 제약을 받을 수 밖에 없었다.

북한의 경우는 아주 조금이라도 반체제 목소리를 내면 위력으로 모두 깨끗이 처단해버리면 그만이었다. 사돈에 팔촌 까지 모조리 다 죽여버리니 뒷 말이 새어 나올 틈 조차도 없었다. 북한은 그렇게 '한 목소리'로 일관되게 나아갈 기반과 토대를 튼튼하게 마련했다. 그러나 한국의 경우 자유민주주의에 함의된 자유와 보편성 때문에 반대 목소리 조차도 모두 자유롭게 허용해야 한다는 '본질적인 딜레마'가 부담일 수 밖에 없었다. 특히 혼돈의 시기에는 더 그랬다. 즉 이념을 기반으로 나라가 반으로 갈린 상황에서, 북한은 쉽사리 한 목소리로 통일했지만, 남한은 그 내에서도 목소리가 갈리는 틈을 완전히 제거하지 못했다. 그럼에도 불구하고 체제 경쟁이 곧 국가의 명운이나 다름 없던 시절이었으니, 그 주제의 긴급성이 무엇보다 최우선 시 되었고, 이에 따른 강압과 억울한 희생도 있었던 점 또한 분명한 역사적 사실이다.

4-4 민주화 운동에 끼어든 불편한 세력

권위주의에 대항하여 진정한 자유민주주의를 쟁취하기 위해 일어난 움직임이 바로 민주화 운동이다. 한국의 민주화 운동은 정치적 변화와 인권을 위한 지속적인 투쟁이었다. 그러나 여기서 또 하나의 '중대한 모순'이 발생한다. 기본적으로 강압과 독단에 대한 저항과 시민들의 정치적 자유를 요구하는 운동이었지만, 그 과정에서 다양한 정치적 성향과 이념을 가진 세력들이 참여하거나 개입하기도 했다. 그중 일부는 민주화 운동의 방향을 왜곡하거나 정치적 목적을 달성하기 위해 운동에 끼어들기도 했다. 바로 극단적인 좌파 세력과 반미주의적 성향을 지닌 세력이다.

이들은 진정한 자유민주주의라는 목표보다는 급진적인 사회 변화를 추구하면서 폭력적인 투쟁을 지지하기도 했다. 대표적인 예로는 이른바 '민족해방전선'(NLF) 등의 조직들이 등장해 극단적인 이념을 내세운 것이다. 이러한 세력들은 민주화 운동의 이미지와 방향성을 왜곡시키는 역할을 주도했다. 가령 미국을 '제국주의'로 간주하고, 한국 정부가 미국과 가까운 관계를 유지하는 점에 대해 강하게 반발했던 기류도 이 때문에 형성되었다. 조금만 생각을 해봐도 시민들이 진정으로 원하는 '자유민주주의'와 '반미'는 아무런 상관이 없다. 그러나 모든 것이 마구잡이로 뒤섞여 버려 마치 그것이 하나로 일치되는 결인 듯 한 분위기가 만들어 진 것이다.

또한 1980년대의 경우, 대학 캠퍼스에서 김일성 주체사상을 학습하는 것이 유행처럼 번졌다는 점은 공공연한 사실이었다. 일부 학생들은 북한의 사회적, 경제적 모델을 이상화하고 그 모델을 추구하고자 했다. 이것은 자명한 사실이다. 언론인 출신 작가 김정훈의 도서 『386 세대유감』에도 '진보 진영의 일부는 1980년대 들어 무너진 학생 운동 세력을 재건하기 위해 반미자주나 김일성의 주체사상 같은 이론으로 무장했다'는 내용이 소개 된다.

물론 어떤 측면에서는, 그것이 북한 정권 자체를 열렬히 좋아해서라기보다는, 공산주의와 사회주의에 대한 건전한 토론과 논쟁조차 막는 메카시즘에 대한 반발심으로 볼 수도 있다. 하지만 민주화 운동을 사회주의적 또는 공산주의적 목표와 결합하려 한 세력도 분명히 있었다. 즉, 한마디로 말하자면, 민주화에 진정성을 가진 사람들과 사회주의 혁명 세력이 서로 동상이몽하며 함께 뭉친 셈이다. 그것이 가능했던 이유는 '적어도 당장 눈앞에 보이는 대외적인 목적(정권 타도)'이 같았기 때문이다. 그래서 사실상 이념적으로 상이한, 어쩌면 완전히 반대인 사람들이 같은 전선에서 연대할 수 있었다.

내부 갈등

실제로 함께 민주화를 외치는 사람들 내에서도 이념적 갈등이나 분열이 존재했었다. 이들 간의 갈등은 결국 민주화 운동의 과정에서 명확한 이념적 분화와 차이를 드러냈으며, 민주화 이후 한국 사회의 좌파 세력 내에서도 지속적인 갈등의 원인이 되었다. 가령 대표적인 진보 논객으로 평가 받는 진중권 씨가 과거 '통합진보당' 내의 주류 세력(NL계열) 을 종북 세력으로 규정한 것을 보면 대략의 그림이 보인다. 그는 통진당의 전신인 민노당에서 활동하다 2008년 탈당했고 이후 이렇게 밝힌 바 있다.

"NL 계열 사람들은 절대 안 변한다. 그들은 북한 노동당을 자신들의 정당으로 여긴다. 김일성 신년사를 듣고 눈물을 흘리고, 김일성, 김정일 초상화 앞에서 묵념을 하고 회의를 한다. 실제로 그런 사람들이 존재한다."

즉, 대한민국의 모든 좌파가 종북 세력은 절대 아니지만, 일부에는 그런 세력이 존재하는 것은 분명하다. 또한 그 세력이 대한민국의 민주화 운동에 끼어들었다는 것도 명백한 사실이다. 앞서 언급했듯, 진정으로 원하는 바는 서로 달랐지만(민주화 vs 사회주의 혁명), 당장 눈앞에 보이는 목적(시위)은 같았기 때문이다.

2018년, 당시 문재인 정권 시기에 민주당 내에서도 유사한 모습이 보였다. 민주당은 대한민국 헌법 4조에 있는 '자유민주적 기본질서'에서 '자유'를 빼고 '민주적 기본질서'로 수정하는 개헌안을 추진하겠다고 밝혔다. 더 포괄적인 민주주의를 위한다는 취지였지만, 사실 상 사회민주주의를 염두에 둔 발상이었음은 바보가 아닌 이상 알 수 밖에 없는 사실이다. 약 4시간 후, 민주당은 대변인의 착오가 있었고, 그대로 유지키로 했다고 정정했다. 이후 한 민주당 의원이 밝힌 바에 따르면 소속 의원 중 수정하자는 입장이 약 40% 였고, 논란이 있을 수 있기 때문에 현행대로 하자는 입장이 약 60%였다고 한다. 즉, 현재 민주당 내에서도 미세한 이념적인 차이가 분명히 존재한다는 의미다.

결론은 좌파라고 해서 모두 '종북 세력'인 것은 분명히 아니다. 다만 소수의 종북 세력이 그 속에 섞여 단단한 조직적 보호를 받고 있는 것은 분명한 사실이다. 서로 결이 완전히 달라도 대승적인 차원에서 '진보'라는 이름아래 함께 뭉치는 것이다.

민주화 이후, 좌파의 변질 양상과 본질

90년대 초 소련의 붕괴와 함께 세계 사회주의 운동의 쇠퇴가 한국 좌파에게는 큰 충격을 안겼다. 그들은 그동안 믿었던 이념이 사실상 실패했다는 사실을 마주하게 되었고, 이로 인해 자신의 사고 방식에 의문을 품기 시작했다. 일부는 이 시점에서 사회의 변화에 대한 진지한 반성과 자기 비판을 시작했다. 그들의 생각은 서구 자본주의와 사회주의의 대립 속에서 심각한 내적 갈등을 겪으며 변화했고, 일부는 자유민주주의와 시장경제에 대한 긍정적인 시각으로 돌아섰다. 하지만 동시에 변화하지 못한 사람들도 여전히 존재했다.

2000년대 이후에 들어서는 한국 정치 흐름에서 큰 변화가 일어난 시점이다. 이 시기의 좌파 세력은 과거의 사회적, 경제적 불평등을 타파하려는 이상주의적 목표에서 벗어나, 자기 이익을 추구하는 방향으로 급격히 변모했다. 이전에는 민중을 위한 정치, 사회적 약자나 소수자의 권리를 옹호하는 등의 이상적 가치에 어느 정도 진정성이 있었지만, 이후에는 정치적 기득권을 확립하고 정권 유지와 강화에 주력하는 모습이 두드러졌다. 정권을 교체하거나 정치적 권력을 획득하는 목표에서 점차 권력을 유지하고 강화하는 방향으로 목표가 변형되었다. 예를 들어, 겉으로는 노동자 권리나 경제적 불평등 해소를 주장하면서도, 실제로는 특정 이해관계자나 계층을 옹호하며 자신들의 세력을 강화하는 등의 모순을 드러냈다.

그뿐만 아니라 과거 피해의식을 바탕으로 한 정치적 수사는 좌파 정치 세력의 전통적인 무기로 자리잡았다. 좌파는 기본적으로 과거 군사 독재와 권위주의 정권에서 발생한 사회적, 정치적 피해를 강조하며 이를 정치적 정당성으로 삼아왔다. 그러나 이 또한 점차 이 피해의식을 기반으로 한 포퓰리즘으로 변화했다. 과거의 억압과 고통을 정치적 자원으로 삼기 위해서다. 이는 사회적 상처를 치유하려는 진정성보다는, 자신들의 정당성을 강화하고 대중적 지지를 얻기 위한 전략적 선택에 불과하다. 이 과정에서 그들은 자신들의 권력 기반을 확대하고, 반대 세력을 '기득권층'으로 묘사하며 정작 자신들도 기득권층이 되어 버렸다. 피해의식을 정치적 도구로 삼아 반대 세력과의 갈등을 부각시켜 정치적 승리를 거두려는 전략만큼 비열한 전략은 없다.

약자의 권익인가 정치적 목표인가

좌파가 '약자의 편'을 자처하며 정치적으로 큰 지지를 얻은 것은 사실이다. 하지만 핵심은 이들이 진정으로 약자의 권익을 위해 싸우는 것이 아니라, 자신들의 정치적 목표를 달성하기 위한 수단으로 약자를 이용하고 있다는 점이다. '민주화', '사회적 약자 보호'등의 명분을 내세워 대중의 감성을 자극하며, 실제로는 자신들의 기득권을 공고히 하고 정치적 입지를 강화한다.

한 가지 예를 들면 2002년 효순이 미선이 사건이 있다. 이는 주한 미군 장갑차에 의해 두 여중생이 사망한 비극적인 사고 였다. 이 사건 이후 주한 미군에 대한 비판과 반미 감정이 크게 고조되었다. 좌파들은 치를 떨었고 결국 이 사건은 한국에서 대규모 촛불집회로 이어졌다. 그런데 좌파는 연평해전, 연평도 포격 사건, 천안함 피격 사건 등 북한의 도발로 국민이 죽은 일에는 비교적 나몰라라 하는 태도를 보였다. 같은 국민이 죽었는데 극명히 다른 반응이었다. '애도'가 아닌 '정치적 셈법'이 본질이라는 것이 너무나도 자명하다. 한국의 좌파 세력이 민주화 운동이나 친일 등의 프레임을 좀처럼 내려놓지 못하는 것도 이러한 모순과 맞닿아 있다.

대표적인 진보 철학자 중 한 명인 수전 니먼은 저서 『워크는 좌파가 아니다』에서, 스스로 좌파라고 생각하는 사람들에게 자문해볼 것을 권유한다. 저자는 정체성 정치를 두고 '과거를 근거로 피해자성을 호소하는 태도의 극치'라는 표현을 사용한다. 좁은 신념에 빠져, 그것이 절대적인 선이자 진리라고 믿는 이들은 세상의 다양한 측면을 자신들이 세상을 바라보는 렌즈에 맞게 축소한다. 그리고 이를 곧 본질로 삼아버린다. 저자는 이로 인해 현대 사회에서 진보 이데올로기가 해로운 것으로 변질되었다고 안타까움을 드러낸다.

4-5 중국은 왜 변하지 않는가?

2000년대 들어 중국은 경제적으로 급성장했고, 시진핑 체제 이후 국가 주도의 사회주의적 요소가 더욱 강화되었다. 이는 자유민주주의 국가가 바라보는 관점에서 매우 특이한 현상이었다. 과거 미국을 비롯한 서방 세계가 비교적 중국에 우호적이었던 이유는 자유시장경제, 즉 속된 말로 돈 맛을 제대로 보면 중국인들이 바뀔 것이라 예상했기 때문이다. 쉽게 말해 경제 발전 ▶ 중산층 확대 ▶ 민주화 요구 증가라는 서구식 발전 모델이 중국에도 적용될 것이라 믿었다.

　그런데 중국은 오히려 공산당의 힘과 통제력이 오히려 더 강해진 독특한 자본주의 체제를 구축했다. 이른바 당-국가 자본주의(Party-State Capitalism)다. 경제 발전은 했지만, 서구식 민주화가 아닌 국가 통제 강화로 연결되었다. 서구의 기대와 정반대 방향으로 발전한 탓에 자연스레 서방 세계는 중국을 새로운 체제적 경쟁자로 간주하기 시작했다. 권위주의 체제 vs 자유민주주의 체제라는 구도가 부각되고 소련 붕괴 이후 미미해 졌던 이념적 갈등 구도가 다시 부각되었다. 다만 과거 냉전 시절과 분위기는 조금 달랐다. 경쟁이 서로 경제적 상호의존도가 높은 상태에서 전개되고 있었기에 활발한 상호 무역과 기술 협력을 지속하면서도, 군사·이념적으로는 대립하는 복잡한 구도가 형성된 것이다.

　그런데 왜 중국인들은 변하지 않았을까? 왜 그들은 여전히 일당 독재 체제를 뒤집을 적극적인 반항을 하지 않는가? 개인적으로 나는 싱가포르와 호주 시드니에서 오래 산 경험이 있다. 두 도시의 특징은 중국인 비율이 매우 높은 도시라는 점이고, 당연히 나도 많은 중국인(계)을 알고 지냈다. 그 기간 동안 많은 인연들이 왔다 갔고, 과거 연인 및 친한 친구, 가까운 직장 동료들 중에도 중국인(계)이 있었다. 그들과 중국의 체제에 관해 대화를 해보면 하나 같이 하는 말이 있다.

　"중국은 너무 커서 하나의 당이 강하게 밀어붙여야만 제대로 기능한다. 당 중앙에서 강하게 통제하지 않으면 쪼개져 버리고 만다.”

하나 같이 이 말을 하는 것을 많이 경험했다. 경제 성장에도 불구하고 그들이 현실 안주를 하게 만드는 핵심 논리가 바로 이것이다. 땅이 넓고, 인구 규모가 크고 지역별 차이가 심하기 때문에 중앙정부가 강하게 밀어붙이지 않으면 큰 혼란이 온다는 주장이다. 중국이 역사적으로 통일과 분열을 반복한 것은 사실이다. 이를 빌미로 중국 공산당은 1949년 건국 이후 처음으로 중국을 안정적으로 유지한 정부라고 주장한다. 강한 중앙집권 없이는 국가가 유지될 수 없다는 논리를 반복적으로 주입했다. 그렇기에 중국 공산당에 대한 의문 제기에 모범 답안지가 딱 정해져 있다. 경제 성장후 사람들의 요구가 늘어나고, 어느 정도 세상 돌아가는 일이나 알만한 것을 다 알게 되어도 변화를 체념하게 만드는 근간이 되는 논리다. 과거 미국은 이러한 상황이 전개되리라는 것 예상하지 못했다.

본격적인 침투

2010년대 들어서는 시진핑 주석이 추진한 글로벌 인프라 프로젝트, 소위 일대일로를 기반으로 중국의 경제적 영향력이 급격히 확대 되었다. 아시아·아프리카·유럽 150개국 이상이 발을 들였고, 특히 개발도상국에 대한 대규모 차관 및 투자를 통해 영향력을 행사하기 시작했다.

중국의 국방비는 세계 2위 수준으로 증가했고, 첨단 군사 기술 개발에 박차를 가했다. 글로벌 소셜미디어 시장에서 중국 기업의 입지가 커지며 문화적·정치적 영향력도 확산되었다. 특히 미국식 민주주의의 한계를 부각하고, 중국식 일당 독재 모델의 우월성을 주장하는데 큰 공을 들였다. 중국어 및 문화 교육 제공을 한다는 명목으로 해외 대학에 공자학원을 설립하는 것이 대표적인 예다. 공자학원의 프로그램 내용 중 중국 공산당 선전 및 사상 교육이 포함되어 있다는 비판도 서구권에서 일기 시작했다. 해외 거주 중국인들(특히 유학생)에게 공산당의 입장을 주입하고, 반중 인사들을 감시하도록 유도하고, 실제로 홍콩 민주화 시위 지지자들을 해외에서 공격하거나 위협한 사례도 있다.

중국 당국이 철저한 정보 통제를 한다는 사실은 잘 알려져있다. 문제는 중국 내 정보 통제뿐만 아니라 해외에서도 여론 조작 및 정보전을 수행하기 시작했다는 점이다. 미국, 유럽, 아시아 여러 국가들의 정부 기관, 군사 시설, 기업을 해킹한 사례가 다수이다. 그뿐만 아니라 WHO, IMF 등 유엔 국제기구를 사실상 장악하기 시작했다. 한 때 막연한 음모론으로만 치부되던 것들이었지만, 코로나 당시 WHO 사무총장이 일방적으로 중국 옹호를 하는 태도에서 그 실체가 여실히 드러났다. 서구권에서 더 이상 세계보건기구(WHO)가 아니라 중국보건기구(CHO)라는 인식이 더욱 강화되었다.

이러한 중국의 영향력 확대는 한국에도 영향을 미치기 시작했다. 2017년 한국이 주한미군 사드를 배치하자, 중국이 한한령(限韓令)을 내리고 롯데마트 폐쇄, K-POP 공연 금지, 한국 기업 제재 등의 보복 조치를 시행했다. 사실상 내정간섭이었다. 미국, 일본, 인도, 호주 4개국이 참여하는 안보 협의체 Quad(쿼드, Quadrilateral Security Dialogue)에도 한국은 참가하지 못했다. 중국의 보복을 경험한 뒤 눈치를 봤기 때문이다. 한번 크게 당하고 난 뒤 결국 말하지 않아도 알아서 기는 모양을 갖춘 셈이다.

중국인들에게 주어진 지방선거 투표권도 문제다. 중국에 거주하는 한국인은 '당연히' 현지 투표권이 없는 반면 한국은 2005년 노무현 정부 때 외국인이 영주권을 취득한 후 3년이 경과하면 대선·총선을 제외한 지방선거에 한해 투표권을 부여했다. 가령 2022년 지방선거에서 외국인 유권자(영주권자 중) 수는 약 12만 6000명이었다. 그런데 문제는 이 중 78.9퍼센트가 중국인이었다. 사실 상 대다수가 중국인이 대상자임을 알면서도 시행한 정책이다.

지금 당장은 그 비율이 적으나 계속 늘어날 전망이다. 2023년 5월 법

무부가 집계한 영주권(F-5) 취득 현황을 근거로 했을 때 2026년 6월 치러질 지방선거에서 투표할 수 있을 것으로 추정되는 영주권자는 18만 1251명이며, 이 가운데 14만 8303명(81.8%)이 중국 국적자다. 당연한 말이지만, 투표권을 부여한 외국인 중 특정 국가 출신의 비율이 지나치게 높고 그 수가 증가 추세인 것은 향후에 분명히 문제가 될 수 있다. 중국은 한국을 경제적으로 종속시키고, 외교적으로 견제하며, 문화, 역사적으로 왜곡하려는 전략을 지속하고 있다. 그럼에도 불구하고 대놓고 중국의 편을 드는 정치인들이 있다. 그런데 그런 그들이 스스로를 진보라고 주장하는 우스꽝스러운 장면이 지속적으로 연출되고 있다.

4-6 서방세계가 울린 알람

2025년 2월, 트럼프 대통령 취임 후 캐나다 멕시코 관세 부과 문제로 한창 시끄러울 때였다. 캐나다 정부도 미국에 맞불을 놓겠다고 으름장을 놓았다. 당시 한 캐나다 정치인(Zachary Tisdale)이 트위터에 올린 글이 화제가 되었다.

"미국은 우리의 적이 아니다 그들은 캐나다 정부를 지배하고 있는중국 공산당으로 부터 우리를 구해주고 있는 것이다."

이 말은 아무런 맥락 없이 쌩뚱 맞게 튀어나온 말이 결코 아니다. 지나친 극우 세력의 음모론도 아니다. 이러한 주장을 뒷받침 하는 대표적인 책 몇 권이 있다. 세 권만 선정하여 잠깐 그 내용을 대략적으로 소개하고자 한다.

Claws of the Panda

캐나다의 언론인 조너선 맨소프의 책으로 2019년 출간되었다. 국내에는 『판다의 발톱』이라는 제목으로 번역 출간 되었다. 캐나다와 중국 간의 외교 관계와 중국 공산당의 캐나다 내 영향력에 대해 다룬다. 이 책은 캐나다가 중국으로부터 납치, 인권 침해, 지적 재산권 절도, 그리고 캐나다 정책에 대한 영향력 행사 등 여러 가지 피해를 입은 내용을 심도있게 다룬다. 국제 엠네스티 보고서를 근거로 하여 캐나다에 존재하는 중국 스파이와 여론 공작원들이 중국계 캐나다인의 인권 및 정치개혁 단체를 학대하거나 협박하는 내용도 언급한다.

사실상 캐나다 정치판이 중국 자본에 잠식 당한 상황을 적나라하게 드러내며 저자는 이러한 것들이 가능해 진 것은 캐나다 정치인들의 순진함 때문이라고 주장한다. 중국 공산당이 외국과의 관계를 통제하고, 영향력을 행사하며, 이를 통해 이익을 취하는 메커니즘은 놀라울 정도로 정교하며 창의적이라고 꼬집는다. 그리고 그것이 '비중국인'들에게는 잘 보이지 않는 점을 경계해야 함을 주장한다.

"The intelligence and subversion apparatus is massive, and its component parts are interlocked and interdependent in ways that are unfamiliar, and therefore not always recognizable, to non-Chinese."(그들의 정보 수집 및 전복 활동의 규모는 방대하며, 그 구성 요소들은 상호 연결되어 있고 상호 의존적이어서 비중국인들에게는 낯설고, 따라서 항상 인식되지 않는 방식으로 작동한다.)

Silent Invasion: China's Influence in Australia

호주의 사회학자 클라이브 해밀턴의 책으로, 2018년에 출간 되었다. 국내에는 『중국의 조용한 침공』이라는 제목으로 번역 출간 되었다. 중국 공산당의 호주 정치와 시민 사회에 대한 영향력이 증가하는 현상에 대해 다룬다. 이 책은 중공이 호주에서 영향력을 확장하고, 스파이 활동 네트워크를 구축하려는 체계적인 시도들을 자세히 설명한다. 그러한 실체를 적나라하게 드러내었기에 출간 전부터 많은 압박을 받았고 세상에 나오지 못할 뻔한 책이기도 하다.

책 내용을 살펴보면 엄청난 수의 중국인들이 세계 각국에 퍼지고, 심지어 해당 국가의 시민권을 취득한 사람들도 중국 공산당의 입장을 대변하는 경향을 고수하는 이유를 분석하는 대목이 있다. 그 중 한 대목을 직접 번역했다.

1. "the party(CCP) leadership decided that pattriotic leadership decided that patriotic education must be made (…) the audience included overseas Chinsese (…) the inability to distinguish between nation and government due to patriotic education(중국 공산당 지도부는 애국심 고취 교육이 반드시 이루어져야 한다는 입장이다, (…) 그 대상에는 해외에 거주하는 중국인들도 포함된다. (…) 국가와 정부를 구별할 수 없는 무능력은 애국심 고취 교육 때문이다.)"

France Chine, les liaisons dangereuses

프랑스의 언론인 앙투안 이장바르의 책으로 2019년 출간되었다. 국내에는 『프랑스와 중국의 위험한 관계』라는 제목으로 출간 되었다. 21세기 들어 특히 본격화된 프랑스와 중국 사이의 관계를 다룬다. 프랑스의 국방, 정치, 경제, 기술, 사회 각 분야에 중국이 어떻게 침투해 들어와 국가 주권을 잠식하고 있는지, 그 실상을 폭로한다. 또한 중국 공산당이 서방 각국에서 벌이고 있는 치밀하고 간교한 스파이 활동을 드러낸다.

한 예로 프랑스의 한 공학계열 박사과정 학생 30명 중에 10명이 중국 하얼빈기술연구소 출신이라는 점도 지적한다. 이 연구소는 중국 인민해방군의 무기 시스템을 설계하고 구매하는 중국국방과학기술산업국이 관할하고 있다. 학생들은 프랑스에서 군용으로 운용할 수 있는 탐색장비 개발에도 참여한다.

또한 두 나라 간의 여러 파트너십과 그동안 비밀로 유지되었던 경제적 첩보 활동들을 공개하며, 파트너를 지나치게 배려하는 프랑스 정치권의 무지를 지적한다. 저자는 프랑스의 정보기관과 정치인들이 이러한 문제를 모르는 것이 아니라고 평가한다. 다만 그들이 순진하게 굴고 있는 것이 문제라고 지적한다. 위에 소개된 두 개의 책의 저자들과 유사한 입장이다.

친중 정치인 조차도 돌아선 이유

　호주의 전 총리 케빈 러드는 대표적인 친중 인사로 알려져 있다. 2007년 시드니에서 열린 아시아태평양경제협력체(APEC) 회의에서 당시 중국공산당 총서기였던 후진타오와 중국어로 대화하고 연설까지 진행해 많은 이들을 놀라게 했다.

　그는 열네 살 때 중국의 국제연합(UN) 가입 소식을 접한 것을 계기로 중국에 대한 관심을 키웠다. 대학 시절 대만에서 유학한 후, 호주 외교부에 들어가 1984년부터 중국에서 외교관으로 근무했다. 또한, 그는 자녀들에게 중국어 교육을 적극적으로 시켰으며, 그의 사위 역시 중국계 호주인이다.

　러드는 중국의 경제적 부상을 호주와 아시아 전체의 기회로 보고, 중국이 세계 경제에서 중요한 역할을 할 것이라고 믿었다. 그는 중국과 협력함으로써 호주가 아시아 태평양 지역에서 더 중요한 역할을 할 수 있다고 봤고, 외교 정책에서 중국과의 관계를 매우 중요하게 다뤘다. 물론 그의 이러한 친중적 입장은 호주 내에서 논란을 일으켰다. 그의 중국에 대한 접근 방식은 지나치게 낙관적인 태도라고 비판을 받기도 했다.

하지만 그는 무조건 적인 친중을 하는 정치인들과는 결이 조금 달랐다. 특히 중국의 인권 문제나 외교적 논란에 대해 비판적인 입장을 취하기도 했다. BBC와의 한 인터뷰에서 그는 서방 국가들이 인권 문제와 같은 사안에서 중국에 도전하는 것을 두려워해서는 안 된다고 못을 박았다. 베이징을 압박하기 위해서는 여러 국가의 정부가 함께 행동에 나서야 한다고 지적했다.

"But the fact that China doesn't like something doesn't necessarily mean the rest of us shouldn't do it. (중국이 뭔가를 좋아하지 않는다고 해서 우리가 그것을 해서는 안 된다는 법은 없다.)"

그는 호주의 진보 진영에서 중국과의 대화를 통해 다양한 국제적인 문제를 해결해야 한다는 입장을 견지했던 정치인이다. 그럼에도 불구하고 아닌 것은 아니다라는 선은 확실히 그었다. 이것이야 말로 진짜 인권과 평화를 위한 접근법이다. 한국의 진보 호소 정치인 이재명이 중국의 문제에 우리가 왜 왈가왈부하느냐며 "쎼쎼"만 하면 된다고 한 것과는 완전 다른 입장이다. 평화라는 미명하래 무조건 눈치보고 다 맞춰주는 것은 굴종이며 굴복이지 그것은 결코 평화와 인권을 위한 길이 아니다. 북한, 중국과 친해야 하고 무조건 그들의 심기를 건드리지 않는 것이 평화라는 한국식 좌파의 발상은 평화라는 단어의 본질적인 뜻 조차도 모르는 무지에 불과하다.

정치학자 존 R. 히빙의 저서 『정치 성향은 어떻게 결정되는가』에는, 도덕적 판단을 내릴 때 진보주의자는 개인의 가치를 중요시하는 반면, 보수주의자는 집단의 목적을 더 중시한다는 내용이 있다. 그러나 이상하게도 '한국식 진보주의자'들은 집단의 목적을 극대화해 온 북한과 중국 정권에 별다른 거부감을 보이지 않는다. 그러면서도 자신들이 진보라고 한다. 모든 것이 거꾸로 뒤집혀 있는 셈이다.

호주 역시 대표적인 진보적 사회다.

2018년, 호주는 화웨이의 5G 네트워크 구축 참여를 금지했다. 또한, 중국 국영 기업의 호주 기업 및 인프라 투자에 대해 국가안보 차원에서 규제를 강화했다. 중국은 이에 대해 경제적 보복과 무역 압박을 가했다. 2020년 이후 호주의 대중국 수출이 제재를 받으면서 양국 간 무역 갈등이 본격화되었다.

호주의 좌파(노동당)와 우파(자유당-국민당 연합)는 대중국 대응에 있어서 상당 부분 공통된 입장을 취하며 단결하는 모습을 보였다. 우파와 좌파 모두 미국·일본·인도와 협력하는 안보 정책 쿼드(Quad)를 일관되게 추진했다. 중국 해군을 견제하기 위한 핵잠수함 도입에 관한 건도 우파 집권 당시에 추진했고, 이후 좌파 정부로 바뀌어서도 아무런 변경 없이 유지됐다.

즉 호주는 진보, 보수를 떠나 국가적인 안보에 관해서 만큼은 현실을 있는 그대로 직시하고 그에 알맞은 대응을 해왔다. 자잘한 일은 서로 다투더라도 중차대한 사안 앞에서는 한 목소리로 똘똘 뭉쳤다. 하지만 지금 한국의 현실 상황에서는 이것이 불가능하다. 자유민주주의라는 가치를 온전히 인정하는 그룹의 사람들 내에서 정책적 진보, 보수의 줄다리기가 이루어져야 하는데, 그렇지가 못한 현실이다.

문재인 전 대통령은 시진핑 주석의 중국몽에 함께 하겠다며 이런 발언을 했다. 2017년 중국 방문 중 베이징대 학생들 상대로 강연하던 도중 한 말이다.

"중국몽이 중국만의 꿈이 아니라 아시아 모두 나아가서는 전 인류가 함께 꾸는 꿈이 되기를 바랍니다."

정녕 이러한 발상이 진보인가? 진보와는 정반대의 길을 걷는 국가를 옹호하는 것이 진보인가? 그렇다면 중국을 날카롭게 경계하는 호주는 진보적 가치에 반하는 국가인가? 당연히 아니다. 호주는 국제 사회가 인정하는 대표적인 진보 사회다. 아주 조금만 '생각'해보아도, 무엇이 진실이고 무엇이 거짓인지 분별할 수 있다. 그렇다면 왜 한국의 좌파를 진보 세력이라 부르는가? 이는 깊은 성찰 없이 만들어진 인식이기 때문이다.

친일과 친북, 친중은 범주가 다르다

2017년, 트럼프 대통령이 월스트리트 저널과 인터뷰를 했고 해당 인터뷰 전문이 공개 되었다. 시진핑 주석과 정상회담 후 그 내용에 대한 이야기였다. 트럼프는 시 주석으로부터 한국과 중국의 역사에 대해 대략 10분 정도 들었다고 회상하며, 시진핑이 "한국과 중국 사이엔 수천년동안 많은 전쟁이 있었고, 사실 한국은 중국의 일부였다"는 말을 했다고 밝혔다. 한마디로 한국은 중국의 일부라는 세계관이다.

중국몽의 본질은 중국이 과거에 누렸던 패권과 주변국들과의 위계적 질서를 복원하고자 함이다. 그런 마인드를 가진 시진핑의 속내가 고스란히 드러난 대목이다. 그런데 어찌된 일인지 한국 주류 언론에서는 아무일도 없었다는 듯 그냥 넘어갔다. 그런데 만약 일본 수상이 이런 말을 했다면 나라가 어떻게 되었을까? 온 나라가 뒤집어 졌을 것이다.

과거 문재인은 대통령 시절, 설날을 맞이하여 중국 인민들에게 새해 인사를 전했다. 그 외에도 고민정 의원은 어설픈 중국어를 써가며 중국 인민들에게 인사를 하는가하면 상당 수의 민주당 인사들이 설날에 중국 인민들에게 꼬박꼬박 인사를 올리는 모습이 영상으로 남아있다. 우파 진영에서 설날에 일본 국민들께 인사하는 대통령이 있었나? 우파 국회의원이 일본어로 일본 국민들께 인사 꼬박꼬박 하는 사람있었나?

친북, 친중과 친일은 전혀 동일 선상에 있는 개념이 아니라는 것은 '조금만 생각'해 보아도 알 수 있다. 사실 친일 프레임은 종북 세력이 자신들이 받는 이념 공세를 방어하기 위한 대응 논리로 굳어진 개념이다. 대한민국을 어지럽히는 수많은 구호가 북한의 지령에서 나왔다는 것은 이미 잘 알려진 사실이다. 그것이 한국 사회에서 좌파가 입에 달고 사는 프레임으로 굳어졌고, 마치 친북이나 친중이 친일과 같은 '급', 즉 반대급부에 있는 듯한 프레임이 짜여졌다. 그러나 앞서 살펴본 바와 같이, 친중과 친북은 친일과 전혀 다른 선상에 놓인 개념이다. 애초에 비교 대상 자체가 아닌데 마치 비교 대상인 양 보이게 만드는 착각을 일으키는 것이다.

복잡한 세상과 자연의 이치를 감성에 호소하여 단편적인 논리에 가두는 것은 저급한 발상이다. 그런 방식으로 만들어진 이론이나 논리를 맹신하는 태도는, 좋게 말하면 순진한 것이지만, 냉정하게 말하면 생각하는 능력이 현저히 부족하다는 뜻이다. 사회를 살아가면서 자동적으로 주입된 관념을 알아차리려는 노력이 부족하기 때문이다. 이는 지성의 촉매제인 비판적 사고 능력이 결여된 것과 다름없다. 그 결과, 진보가 아닌 것을 진보라고 착각하게 된다.

중국과 북한 정권을 옹호하는 것이 '진보'라면, 대표적인 진보 국가인 네덜란드, 노르웨이, 뉴질랜드 같은 나라들은 이미 중국과 북한과 깊은 사랑에 빠졌어야 한다. 현재 대한민국의 실정은, 진보의 의미조차 모르는 집단이 자신들을 진보라고 우기고 있는 상황이다. 이러한 잘못된 개념 설정을 반드시 바로잡아야 '진짜 진보적 가치'를 제대로 세울 수 있다.

4-7 어리석은 일관성을 넘어서

미국 철학자 랄프 왈도 에머슨은 '변화하는 삶의 진실을 고려하지 않는 경직된 일관성은 어리석은 일관성'이라고 했다. 언뜻 보면 변덕이나 모순처럼 보일 수 있는 비일관성이 오히려 삶의 진실에 더 가까울 수 있다는 통찰이다. 이는 단순히 말 바꾸기나 무책임한 변화를 정당화하는 것이 아니다. 에머슨이 강조한 것은 '경직된 일관성'과 '진실을 향한 일관성'이

근본적으로 다르다는 점이다.

인간은 시간이 흐르며 생각이 바뀌고, 감정이 흔들리며, 삶의 우선순위도 변한다. 어제는 확고했던 신념이 오늘은 흔들릴 수 있다. 어떤 사람은 이러한 변화를 스스로 부끄러워하고, 타인의 시선을 의식해 자신의 변화를 감춘다. 그러나 그런 식의 일관성은 삶의 진실을 가리는 껍질에 불과하다. 변화하는 자기 내면의 진실을 무시하고, 과거의 말과 행동에 자신을 끼워 맞추려는 노력은 결국 자기기만에 지나지 않는다.

가령, 70~80년대에 민주화 운동을 했다는 이유만으로, 지금도 그리고 앞으로도 평생 진보 정치 진영만을 지지하겠다는 식의 발상은 매우 단선적이다. 이는 진보나 민주화의 개념을 '제대로' 이해하지 못한 채 일종의 집착에 빠진 것이나 다름없다.

사회학자 송호근 교수의 저서 『이분법 사회를 넘어서』는 이러한 모순을 지적한다. 1970~80년대에는 독재의 반대편에 서기만 하면 그것이 항상 정의로 여겨지곤 했다. '독재'와 '민주'라는 단순한 이분법 위에 정의의 개념이 명확히 자리 잡고 있었기 때문이다. 그래서 당시의 청년들은 확신에 차 있었다. 그런데 저자는 '그 명료한 이분법으로 승리를 쟁취한 세대가 이제 우리에게 다시 이분법을 요구한다'고 날카롭게 꼬집는다.

진정한 일관성이란 변화하는 삶의 흐름 속에서도 자신에게 진실하게 임하는 태도다. 그것은 과거의 자신과 모순되는 것을 두려워하지 않고, 오히려 더 깊어진 자아와 정교해진 인식 속에서 끊임없이 새롭게 말하고 행동하는 용기다. 이 과정에서 나타나는 일시적인 비일관성은 진실을 향한 더 깊은 일관성으로 통합된다. 그래서 진실한 행동은 아무런 해명이 없어도 스스로를 설명하게 된다. 진실은 해명하지 않아도 설득력을 가진다. 때때로 진실에 다가가는 길은 기존의 길에서 벗어나는 일이기도 하다. 그 벗어남이 단순한 변덕인지, 아니면 더 근본적인 진실을 향한 길인지 가르는 기준은 바로 삶을 대하는 태도의 정직성이다.

삶은 '고정된 틀'이 아니라 '끊임없이 성장하는 유기체'다. 따라서 삶의 진실도 고정된 것이 아니라, 매 순간 자신과 세계를 성찰하며 새롭게 조응하는 데 있다. 그렇기에 경직된 일관성은 삶의 생명력을 억누르고, 오히려 진실로부터 멀어지게 한다. 반면 변화하는 삶에 진실하게 임하는 사람은 겉으로 보기엔 일관성이 없어 보일 수 있으나, 그 안에는 깊은 통일성과 방향성이 숨어 있다. 결국, 진실을 향해 가는 삶이란 변화 속에서 일관성을 찾고, 일관성 속에서 유연함을 품는 삶이다. 그런 삶이야말로 진정 자유롭고 건강한 삶이다.

가치를 지키되, 무게추를 조정하라

우리는 종종 '진보'라는 말을 무조건 긍정적인 의미로 받아들인다. 마치 진보가 항상 옳고, 언제나 필요한 것처럼 여겨진다. 그러나 진보도 하나의 '도구'일 뿐, 절대적인 신념이 되어서는 안 된다. 진보는 어떤 가치를 회복하거나 개선하기 위한 사회적 운동이지만, 한 방향으로 지나치게 기울어질 때 오히려 다른 중요한 가치들이 손상될 수 있다. 따라서 단순히 진보를 외치는 것이 아니라, 어느 시점에서, 어떤 무게로, 어떤 균형을 이루며 나아가야 하는지를 끊임없이 고민해야 한다.

한 가지 예를 들어보자. 어떤 사회에서는 경찰의 공권력이 지나치게 강하고, 피의자에 대한 폭행, 고문, 인권 유린이 만연해 있다. 이런 상태에서는 '인권'이라는 가치가 억눌려 있으며, 따라서 '진보'는 인권을 회복하고 강화하는 방향으로 나아가야 한다. 이때 진보는 절실한 해방의 수단이 된다. 법의 이름으로 자행되는 폭력, 권력의 횡포, 인권 침해에 맞서기 위해 사회 구성원들은 진보를 외쳐야 한다.

하지만 반대로 생각해보자. 만약 인권이 지나치게 강조되어 공권력이 과도하게 약화된 사회라면 어떤 일이 벌어질까? 범죄자가 법의 빈틈을 교묘히 이용해 빠져나가고, 판사들이 피해자의 감정보다는 가해자의 인권을 중시해 터무니없이 경미한 형량을 선고한다면? 경찰이 잠재적 가해자의 인권만을 지나치게 고려해야 하고, 시민을 보호할 권한조차 제대로 행사하지 못한다면? 그것은 '진보의 과잉'이 초래한 새로운 불균형이다. 이런 경우에는 '진보의 브레이크'가 필요하다. 한쪽으로 지나치게 기울어진 균형을 다시 잡아야 한다. 이렇듯 진보는 언제나 '가치의 균형' 속에서 작동해야 한다. 진보의 핵심은 '변화를 통해 개선을 이루는 것'이지, 그저 앞으로 나아가기만 하는 것이 아니다. 변화가 필요하지 않은 곳에 억지로 진보의 이름을 들이밀면, 오히려 기존의 질서를 파괴하고 사회를 혼란에 빠뜨릴 수 있다.

중요한 것은 '가치 간의 긴장 관계'를 이해하는 일이다. 자유와 질서, 인권과 안전, 개인과 공동체는 언제나 긴장 상태에 놓여 있다. 그러나 이 긴장은 나쁜 것이 아니다. 오히려 건강한 사회일수록 이러한 긴장 속에서 서로를 견제하고 보완하며 조화롭게 움직인다. 그러나 지나치게 부풀어 오른 가치를 더 키우려 한다면, 그것은 더 이상 진보가 아니라 집착이며 왜곡이다.

정치학자 프랜시스 후쿠야마는 저서 『존중받지 못하는 자들을 위한 정치학』에서 날카로운 분석을 제시한다. 그는 20세기 정치가 주로 경제 이슈를 중심으로 좌파와 우파의 스펙트럼을 형성했지만, 2010년대 이후에는 정체성을 중심으로 한 갈등으로 대체되었다고 통찰한다. 또한, 저자는 정체성 정치를 이끄는 정당이나 정치인들이 종교 집단과 다를 바 없음을 꼬집는다.

진보는 균형을 위해 존재한다. 때로는 무거운 쪽의 추를 들어 올려야 하지만, 때로는 가벼워진 쪽에 다시 무게를 실어주는 것도 진보의 역할이다. 사회는 늘 흔들리고, 가치들은 끊임없이 재조정된다. 그렇기에 진정한 진보는 한 방향으로만 나아가는 고집이 아니라, 변화의 타이밍과 무게를 감각적으로 판단하는 지혜에서 비롯된다. 진보는 방향이 아니라 태도다. 그리고 그 태도는 언제나 시대의 맥락과 현실을 정직하게 마주 보는 데서 시작된다.

제5장
거짓속의 진실 찾기

5-1 위장평화

윈스턴 처칠은 영국의 전 총리로 널리 알려진 인물이다. 그는 1930년부터 히틀러의 급부상과 반유대주의적 공격성을 예의주시했다. 결국 3년 뒤 히틀러가 독일의 총통이 되었고, 처칠은 그 상황을 극도로 경계했다. 당시 영국의 총리였던 네빌 체임벌린이 히틀러에게 유화정책을 펼칠 때, 처칠은 끊임없이 히틀러의 야망과 음흉한 속내를 경고했다. 그는 뮌헨 평화 협정을 비판하며 전쟁에 대비해야 한다고 외쳤지만, 아무도 그의 말을 귀 기울여 듣지 않았다. 제1차 세계대전 이후 전쟁에 지친 영국은 불가침 조약에 의존해서라도 평화를 유지하고자 했다. 그 결과 처칠은 전쟁광이라는 비난을 받았다. 아무도 그의 말을 듣지 않았다.

결국 본색을 드러낸 히틀러가 외교 기만이었던 협정을 파기한 뒤 전쟁을 일으킨다. 그제야 처칠이 옳았다는 여론이 형성된다. 결국 영국은 다시 처칠에게 매달리기 시작한다. 그는 다시 해군 장관으로 복귀하고 얼마 후 영국 총리직에 오른다. 제2차 세계대전이 본격화되었을 당시에 독일은 파죽지세였다. 프랑스 조차 단숨에 함락되었다. 그러한 독일의 기세에 맞서 끝까지 싸워 결국 이뤄낸 것이 자유 진영의 승리였다. 처칠의 선구안 적 안목과 뛰어난 리더십이 없었다면 지금의 유럽은 완전히 다른 모습이 되었을지도 모른다.

전쟁을 하기 싫다면 전쟁을 열심히 준비해야 한다는 명제는 진리다. 어쩔 수 없는 인간 사회의 모순적 속성이 그대로 반영되어 있다. 처칠은 그러한 본질을 꿰뚫었지만, 평화주의자들은 그를 전쟁광이라고 손가락질하며 애써 현실을 외면했다. 대책없이 평화만 외치다 결국 일이 터지니 나몰라라 할 수 밖에 없었다.

2016년, 독일 베를린에서 테러 공격이 발생했다. 당시 독일 총리 메르켈은 테러에 굴복하지 않겠다는 단호한 입장을 보였다. 당연한 대응이었다. 그런데 만약 '평화만이 유일한 답이니 테러 단체의 말을 모두 들어주자'고 말했다면, 그것은 제정신 박힌 리더라 보기 어려울 것이다. 평화 유지를 핑계 삼아, 오히려 평화를 해치는 집단의 주장을 수용하겠다는 것은 애초에 성립되지 않는 논리다.

이와 마찬가지로, 반민주의의 극치인 북한, 중국, 러시아 같은 국가들에 대해서는 강경한 입장을 취하는 것이야말로 민주주의 정신에 부합한다. 그러나 한국에서는 상황이 완전히 거꾸로 뒤집혀 있다. 북한, 중국, 러시아 중심의 지정학적 관계를 중시하는 집단이, 오히려 이를 반대하는 세력을 '반민주 세력'이라 규정하는 궤변을 늘어놓고 있다. 본질 자체를 완전히 뒤집어 엎는 것이다.

2016년 10월, 당시 더불어 민주당 대표 문재인은 자신의 페이스 북에 이런 내용을 올렸다.

"좋은 전쟁보다 나쁜 평화가 낫다"

2023년 7월, 당시 더불어 민주당 대표 이재명도 같은 맥락의 말을 했다.

"더러운 평화라도 이기는 전쟁보다 낫다"

이것이 한국 좌파 세력의 틀에 박힌 주장이다. 이 레토릭을 기반으로 그들이 줄곧 주장해온 것이 바로 이런 것들이다.

국가보안법 폐지, 군 복무 기간 단축,
사드 반대, 제주 해군기지 반대,

북한 정찰 반대, 한미 합동 군사 훈련 반대,

주한미군 반대, 국정원 대공수사권 반대,

외국 스파이 처벌법 개정 반대 등.

국가 안보를 약화시키는 행위를 '평화'라는 말 한마디로 모두 합리화한다. 이는 정말 위험한 사고방식이다. 조금만 생각을 해봐도 애초에 말 자체가 안되는 소리다. 전쟁이 싫으면 전쟁 준비를 철저히 해야 한다는 기본적인 패러독스를 완전히 무시하고 있다. 또한 '평화'의 정의 조차도 하나의 동질적 개념이 아니다. 공산주의에서 '평화'란 '전 세계가 공산화된 상태'를 의미한다. 과연 무엇이 평화라는 것인지 정확한 해석도 없이 무조건 평화만 외치는 것은 그냥 아무런 대책이 없다는 뜻에 불과하다.

즉 "전쟁 없는 평화 상태가 진짜 안보다"라는 구호는 아무 생각이 없는 사람들을 꼬드기기 쉬운 말이다. 생각을 제대로 하는 사람이라면 말 같지도 않는 소리라는 것을 바로 알아채지만, 별 생각이 없는 사람들은 얼핏 듣기 좋으니 그냥 혹하고 넘어간다. 실제로 북한이 남한 간첩들에게 내린 지령문에도 '전쟁을 싫어하도록 '염전(厭戰)사상'을 불어넣으라'는 내용이 있다. 이미 세상에 다 공개가 된 내용이다. 다만 많은 국민들이 모르고 있을 뿐이다. 결국 전쟁 공포 마케팅을 통해 무조건 굴종하는 형태의 평화가 현명한 것이라고 국민을 속이는 것이다. 이러한 저급한 발상에 '진보'라는 장막을 씌우니, 순진한 국민들은 그만 속아 넘어간다.

옆집에 깡패가 살고, 그가 때때로 나를 협박하거나 폭행한다고 가정해보자. 현재 한국 좌파의 논리는, 그냥 가만히 맞고 조용히 지내는 것이 평화라고 주장하는 것과 같다. 한마디로 이는 가짜 평화다. 진짜 평화란 옆집에 정상인이 살고, 나도 정상적인 삶을 영위하는 상태를 말한다. 상대가 일방적으로 나를 폭행한다면, 당연히 경찰에 신고하거나 그에 맞는 합당한 조치를 취해야 한다. 그러한 대응이 일시적으로 더 큰 갈등을 초래할 수 있더라도, 진짜 평화를 이루기 위해서는 '한시적 긴장의 증폭'을 감수하고 단호히 대응해야 한다. "맞아도 참아라, 그게 평화다"는 식의 논리는 정말로 순진해야만 빠질 수 있는 논리다. 다시 한 번 말하지만, 이는 결코 진보적 발상이 아니다.

작금의 한국은 북한, 중국 정권과 친해야 한다는 생각이 '진보'라는 장막을 뒤집어썼다. 그러나 생각해보자. 한국과 호주, 두 나라 중 어느 쪽이 더 진보 성향이 강한 국가인가? 당연히 호주다. 거의 모든 측면에서 그렇다. 그럼에도 불구하고 호주는 중국의 경제 보복에 대해 좌우가 함께 한목소리를 냈다. 함께 중국에 맞서 대항한 것이다. 자유주의 리버럴 가치를 기반으로 한 진보, 즉 '정상적 진보'이기 때문에 당연히 중국의 깡패짓에 반대하며 목소리를 높였고 싸웠다.

그러나 한국의 현실은, 공산주의 국가 편 들어주기를 진보라고 착각하는 세력이 '진보'와 '민주'라는 타이틀을 가져가버린 상황이다. '진보'라는 가치를 완전히 거꾸로 이해하고, 잘못 쓰고 있다. 현재 한국의 정치적 좌파 세력은 절대 '진보 세력'이 아니며 그들이 주장하는 평화는 정상적인 평화가 결코 아니다.

탈북자를 대하는 태도와 인권에 대한 진짜 인식

문재인 전 대통령은 2018년 12월 10일 세계인권선언 70주년 행사 기념사에서 "인간의 기본권은 국가를 비롯한 그 어떤 권력도 침해할 수 없다."고 선언했다. 하지만 북한의 참혹한 인권 침해 현실은 여전히 외면하고, "한반도 평화가 곧 인권"이라고만 언급했다.

우리가 고통받고 억압받는 북한 주민에 대해 연민을 갖는 것은 당연하다. 하지만 그들을 고통스럽게 하는 주체는 누가 뭐래도 북한 정권이다. 북한 정권의 욕심과 몽상 때문이다. 이는 당연히 구분되어야 한다. 북한 주민의 인권에 대해 목소리를 높이는 것은 정상적인 대한민국 국민이라면 당연히 해야 할 일이다. 하지만 한국의 좌파는 이것을 근본적으로 부정한다. 역시 '평화'라는 핑계다.

가령 남북의 공연단이 서로 손을 맞잡고 평화를 노래하는 훈훈한 분위기를 떠올려 보자. 분명 감성을 자극하지만, 평화가 무엇인지에 대해 서로 다른 이야기를 하고 있다는 말은 아무도 하지 않는다. 다시 한 번 말하지만, 공산국가에서의 평화란 '전 세계가 공산화된 상태'를 의미한다. 그런 근본적인 차이에 대해 아무런 조정도 거치지 않고 단순히 함께 손을 잡고 평화를 노래하는 것이 능사라고 생각하는 것, 그것이 바로 '평화쇼'의 본질이다.

한국의 좌파가 근본적으로 평화라는 가치를 높이 사는 사람들이 아니라는 점은 그들이 탈북자를 바라보는 태도에서 여실히 드러난다. 임수경은 1989년 정부의 허가를 받지 않고 밀입북한 후 대한민국 정부를 부정하고, 김일성과 포옹하는 등의 행위를 했다. 이런 사람이 훗날 민주통합당에서 비례대표로 국회의원을 지내게 되었다. 더구나 탈북한 인사들을 향해 '변절자'라며 강한 적대감을 보여 논란도 일었다. 박상학 자유북한운동연합 대표와 백요셉 씨에게 욕설을 하는 등의 기이한 행동을 했다. 임수경은 2012년 6월, 국회의원 당선인 시절에 종로의 한 식당에서 만난 탈북자 출신 백요셉 씨에게 이런 말을 했다.

"어디 근본도 없는 탈북자 새끼들이 굴러와서 대한민국 의원에게 개기는 거야. 너 몸조심해, 알았어! 너 하태경과 북한인권운동하고 있지? 하태경 변절자 새끼, 내손으로 죽여 버릴거야."

사태가 심각해지자 임수경 의원은 보도 자료를 통해서 자신의 부적절한 언행에 대해 사과했다. 그런데 더 어처구니 없는 일이 일어났다. 2012년 6월 7일, 북한의 대남 선전용 사이트 〈우리민족끼리〉는 "탈북자들을 변절자라고 하는 이유"란 논평을 내고 임수경 민주통합당 의원을 옹호하고 나섰다.

문재인 정권이 들어서고 탈북민 단체 지원 삭감이 노골적으로 이루어졌다. 당연히 북한 인권 관련 정책이나 활동들은 급격하게 줄어들었다. 2019년도 북한 인권 관련 예산을 보면 전년 대비 92%가 삭감되었다. 약 108억 원에서 8억원으로 92.6%나 삭감되었다. 북한인권정보시스템 운영 예산도 16억5900만원에서 4억8600만원으로 70.7% 나 깎였다. 유엔의 북한인권결의안 공동제안국에 불참한 것은 당연하다.

2020년, 더불어민주당이 통과시킨 3차 추경예산에서도 마찬가지였다. 대부분의 예산이 증액되었지만, 탈북민 정착지원 예산은 대폭 삭감됐다. 탈북민 정착 기본지원금, 주거지원금, 탈북민 고용지원금이 삭감되었고, 하나원에서 진행하는 탈북민 교육훈련 예산도 깎였다. 그리고 또 하나 삭감된 것이 '국방부'예산이다.

미국의 북한인권법 통과를 주도한 수잰 숄티는 2019년 월간 조선과의 인터뷰에서 이런 말을 남겼다.

"문재인 정부는 북한인권법을 위반하고 있습니다. 또 북한 인권 관련 지원을 끊어 탈북단체의 활동도 못하게 하고 있습니다."

탈북 어부 강제 북송 사건이 왜 놀랄 일도 아닌지 자명하다. 해당 사건은 지난 2019년 11월 한국으로 넘어온 북한 어민 2명이 귀순 의사를 밝혔음에도 문재인 정부가 북측으로 강제 송환한 사건이다. 사실 상 2명의 탈북자를 살해한 셈이다. 이런 끔찍한 정치적 집단이 진보, 인권, 평화라는 껍데기를 뒤집어 쓰고 있다는 것이 소름이 끼치지 않을 수가 없다. 단언컨대, 이들은 진보의 본질을 제대로 알지 못한다.

시대가 어느 시댄데 간첩이야?

소련 붕괴 이후부터 2000년대 초반까지는 자유민주주의와 자본주의가 이념 전쟁에서 완전히 승리한 듯 보였다. 이후 이념적 공세에 대해 한국의 좌파 진영에서 자주 쓰는 레토릭이 등장했다.

- 시대가 어느 시댄데 아직도 색깔론이냐,
- 요즘 세상에 아직도 종북 타령이냐,
- 언제적 간첩 이야기냐 등.

이러한 레토릭은 한국의 좌파 입장에서는 모든 이념적 공격을 받아칠 수 있는 마법의 주문과도 같았다. 자신들의 이념에 관해 캐묻는 상대방을 '구시대적인' 사람으로 몰아붙이도록 설계된 프레임이 완전히 먹혀들었다. 하지만 엄밀히 따져 보면, 분단 현실이나 핵 개발, 대남 공작 등을 끊임없이 시도하는 북한이 바로 위에 존재한다는 사실, 즉 남북 관계의 본질은 전혀 변하지 않았다. 따라서 이러한 류의 프레임은 애초에 논리적으로 성립하지 않지만, 늘 그렇듯 별생각 없이 들으면 그럴듯하게 들리기에 쉽게 먹혀들 수 있었다.

당연한 소리지만 시대가 지나는 것과 간첩이 사라지는 것에는 아무런 연관성이 없다. 사실 한국어의 '간첩'이라는 단어에는 과거의 이미지가 덧씌워져 있어 매우 심각한 의미로 들리지만, 영어로는 '스파이(Spy)' 또는 '에이전트(Agent)'로 번역된다. 비단 남북 관계뿐 아니라, 지구촌 곳곳에서 치열한 첩보 전쟁이 벌어지고 있다는 것은 공공연한 사실이다. 예를 들어, 중국 정부가 유학생을 선발해 호주로 보냈다고 가정해보자. 그들에게 동아리나 친목 도모 단체를 운영하고, 중국 정부에 반대하는 발언을 하는 사람을 감시하라는 지시나 지령만 내려도 이는 스파이, 즉 간첩 활동에 해당한다. 단순한 개인적 관심을 넘어서 조직적이고 체계적인 감시 활동이기 때문이다. 특히 호주와 같은 국가는 외국 정부의 간섭이나 정보 수집을 방지하기 위한 법률이 존재하기에, 이런 류의 활동은 명백한 간첩 행위로 간주될 수 있다.

우리는 '시대가 어느 시댄데 간첩이냐'는 식의 프레임과 그 속에 숨겨진 함정에 주목해야 한다. 사실 2000년대 이후에도 일심회 사건, 왕재산 사건, 청주 간첩단 사건, 통합진보당 내란 선동 사건, 민주노총 북한 지령문 사건 등 굵직한 사건들이 이어졌다. 수많은 국내 인사들이 북한의 지령을 받아 활동했으며, 대한민국 내에서 간첩 활동을 했다는 사실이 법적으로도 확정되었다. 그뿐만 아니라, 1997년 한국에 망명했던 황장엽 전 북한 노동당 비서의 발언도 화제가 된 바 있다.

"남한 내에 고정 간첩 약 5만 명이 암약하고 있으며, 권력 핵심부에도 침투해 있다. 우연히 김정일 집무실 책상 위에 놓인 서류를 보았더니, 그날 아침 여권 핵심 기관의 회의 내용과 발언 내용이 상세히 기록돼 있었다."

뻔히 있는 것을 그냥 있다고 말하면 '극우'가 되고, 눈과 귀를 닫고 무조건 없다고 우겨야만 '진보'나 '민주 세력'이 되는 것인가? 그렇다면 여야를 막론하고 중국 스파이를 예민하게 경계하는 호주의 정치인들은 모두 극우인가? 다시 한 번 말하지만, 호주가 한국보다 상대적으로 '더 진보적인' 국가임은 국제 사회에서 당연시되는 부분이다. 또한 서구권의 그어떤 '진보적인 국가'도 북한, 중국, 러시아와 같은 국가의 스파이 활동을 달가워하지 않는다.

어쩌다 대한민국에서만 북·중·러 중심의 지정학적 균형에 환상을 갖는 것이 진보라는, 완전히 거꾸로 된 개념이 자리 잡아 버렸다. 그러나 이세 국가는 그야말로 진보와는 정반대의 길을 걷는 국가들이다. 그렇다면 당연히 이들 정권에 '문제의식을 느끼는 상태'가 진보이지, 어떻게 '문제의식을 느끼지 못하는 상태'가 진보인가? 아주 기초적인 수준의 논리적 사고만 해 보더라도, '한국식 진보 프레임'에는 심각한 결함이 있다는 사실을 눈치챌 수밖에 없다. 스파이 활동에 경각심을 갖는 것도 지극히 당연한 일이며, 애초에 우파와 좌파가 편을 갈라 다툴 문제가 되어서는 안되는 것이 정상이다.

 진짜 진보, 가짜 진보 I 깨어남의 진정한 의미를 묻다

5-2 이중성의 이데올로기

    좌파 이데올로기는 역사적으로 평등, 정의, 인권, 사회적 약자의 보호를 핵심 가치로 내세우며 발전해 왔다. 그러나 현실에서 이러한 가치가 일관되게 적용되지 않거나, 특정 상황에서 다른 기준이 적용되는 경우가 많다. 이러한 현상을 '이중성'이라고 부를 수 있으며, 이는 정치적, 경제적, 문화적 영역에서 다양하게 나타난다.

    역사적으로 보면, 좌파 지식인과 운동가들이 사상의 자유를 주장하며 억압과 싸워온 부분이 있다는 점은 분명하다. 그러나 현대 사회에서 좌파 성향을 띠는 집단이 오히려 표현의 자유를 제한하려는 경향이 나타난다. 예를 들어, 특정한 정치적 올바름을 강요하며 이에 동의하지 않는 모든 의견을 혐오 발언으로 규정하고, 이에 대한 규제를 강화하는 모습이 보인다.

    이러한 태도는 특히 언론, 문화 예술계, 교육계에서 두드러지며, 자신들의 '올바른 가치'에 동조하지 않는 사람들은 '차별주의자' 또는 '극우'로 낙인찍혀 발언권을 박탈당하는 경우가 많다. 이처럼 좌파 이념이 주장하는 '자유로운 표현'이 실제로는 특정 집단에게만 허용되는 모순이 발생한다. 자유로운 표현을 주장하는 '진보' 세력이, 정작 자신들의 입장에 반하는 의견은 필사적으로 제한하려는 모순적인 태도를 보인다.

이처럼 좌파 이데올로기를 살펴보면 근본적으로 이중성의 구조다. 가령 경제적 불평등 해소와 부의 공정한 분배라는 측면에서도 모순이 존재한다. 이는 좌파 이념의 핵심과도 같은 내용이지만 현실에서는 좌파 지식인, 정치인, 운동가들 중 상당수가 경제적 상류층에 속하며, 본인들이 주장하는 경제적 평등 원칙을 실천하지 않는 경우가 많다.

예를 들어, 일부 진보 호소 정치인들은 부유층에 대한 고율의 세금 부과를 주장하면서도, 본인들은 다양한 세금 회피 수단을 활용하는 경우가 많다. 또한 부동산 투기에 대한 우려를 표하면서도 정작 자신들은 여러채의 집이나 건물을 가진 경우도 많다. 가령 2019년 손혜원(당시 민주당 의원) 일가가 보유한 건물은 17채, 땅이 3곳으로 드러나 논란이 되었다. 전형적인 부동산 투기였다.

진보 세력의 또 하나의 핵심 키워드는 사회적 약자를 보호하는 것이다. 하지만 이 또한 모든 약자에게 동일하게 적용되지 않는 경우가 많다. 예를 들어, 필요에 따라 특정 약자 집단은 적극적으로 옹호하는 반면, 다른 입장을 가진 약자들은 배제하는 경향이 있다.

가령 국가적 재난으로 인해 가족을 잃은 유족들을 대하는 자세를 살펴보자. 세월호 사고로 가족을 잃은 유족들에게는 지극한 정성을 보이지만, 북한의 공격으로 사망한 천안함 사건의 유족들에게는 비교적 냉랭한 반응을 보인다. 미군 장갑차에 사고로 치어 죽은 효순이 미선이 사건으로 폭발했지만, 연평도 포격에는 애써 모른 척 하는 반응이 역력했다. 심지어 남한이 오죽했으면 북한이 그랬겠나는 발언까지 나왔다. 자신들의 진영 논리에 도움이 될 죽음에만 유독 더 '슬퍼지는' 이유가 뭘까?

노동자의 천국

민주노총은 오랜 시간 동안 '비정규직 철폐'라는 머리띠를 두르고 자신들이 마치 비정규직 노동자 모두를 대변하는 듯한 모습을 보여 왔지만, 정작 자신들은 그들을 아래로 내려다보고 갑질하는 태도를 보여왔다. 특히 정규직 노조원들의 자녀를 신규 채용시 우대하는 이른바 고용 세습도 그들의 이중성을 대변한다. 물론 좌파의 입장에서 보면, 이러한 정책이나 행동은 변화가 필요한 사회를 개선하려는 노력의 일환으로 볼 수 있다. 정책의 시행 과정에서 발생하는 현실적인 한계나 어려움을 반영하는 것일 수도 있다. 하지만 노동자의 권리를 보호하라고 키워놨더니 오히려 자신들의 카르텔 만들기에 혈안이 되어있다는 비판은 결코 피해갈 수 없다.

마르크스는 '모든 노동자의 천국'이라는 이상을 제시하면서, 자본주의 체제에서 발생하는 계급 갈등과 착취를 끝내고, 생산수단의 공유를 통해 평등한 사회를 만들려는 목표를 세웠다. 하지만 현실을 보라.

A : 한국, 미국의 노동자
B: 북한, 러시아의 노동자

'A'와 'B'중 어떤 나라의 노동자가 상대적으로 더 힘든 삶을 영위하는가? 만약 다시 태어난다면 어느 나라에서 태어나고 싶은가? 정상적인 사고를 하는 사람이라면 답은 뻔하다. 마르크스주의를 채택한 나라들에서는 이론이 예상한 대로 사회적 평등을 이루지 못하거나, 오히려 새로운 계급이나 권력층이 형성되었다. 이론적으로는 무계급 사회를 목표로 했지만, 실제로는 국가 주도의 강압적 통제와 정치적 권력 집중이 더 심했고, 그 결과 노동자 계층은 오히려 더 많은 어려움을 겪었다. 또한, 정부의 중앙집권적인 경제 계획과 통제 방식은 효율성을 떨어뜨리고 자원의 낭비와 부패를 유발하는 문제를 낳았다. 그 결과 노동자 계층은 상대적으로 더 낮은 생활 수준을 영위할 수밖에 없었다.

인간의 본성에는 자유와 개성을 추구하려는 본능이 있으며, 이는 많은 철학자와 사상가들에 의해 강조된 점이다. 자유는 인간의 근본적인 욕망

중 하나로, 개개인이 자신의 삶을 선택하고, 표현하며, 자율적으로 결정을 내리는 것을 원한다는 점에서 중요한 가치로 여겨진다. 이러한 자유의 추구는 마르크스주의나 공산주의에서 강조한 평등을 추구하는 이상과 충돌할 수밖에 없다. 인간 본성을 억압하려는 정치적 체제나 시스템은 애초에 성공의 모델이 될 수 없다.

물론 자본주의도 불완전한 것은 분명하다. 그러나 불완전함이 잘못되었다는 전제부터가 잘못된 것이다. 완벽을 추구하고 결함이 없어야 한다는 그 세계관 자체가 이미 이 세상을 이해하는 깊이가 매우 얕다는 방증이다. 독일의 철학자 프리드리히 횔덜린의 저서 『휘페리온』에 나오는 한 대목을 곱씹어 본다.

"지구상에 지옥이 만들어졌던 것은 항상 인간이 자신들의 천국을 만들려고 할 때였다."

왜 생각을 해야만 보이는가

2016년 9월, 이재명 당시 성남시장이 헌법재판소 앞에서 기자회견을 하던 중이었다. 회견을 종료하려던 순간 군중 속에서 한 여성이 이 시장에게 물었다.

"노란 리본 좀 안 달면 안돼? 지겨워서 그래."

세월호 사건 추모를 위한 노란 리본을 말하는 것이었다. 이에 이재명은 이렇게 응수했다.

"우리 어머니 자식이 죽어도 그러실겁니까?"
그것과는 틀리다는 대답에 이재명은 또 다시 이렇게 못을 박았다.
"내 자식과 남의 자식이 왜 틀립니까! 같은 사람입니다!"

좌파 언론은 이 내용을 집중 보도했고, 당연히 이러한 감성적 발언을 응원하는 사람들이 아주 많았다. 세월호 사고 대략 2년 6개월 후에 일어난 일이다. 개인적으로 이 사건은 좌파와 우파의 성향이 갈리는 아주 완벽한 사례라고 본다. 겉만 보고 판단하는 성향과 본질을 캐묻는 성향이 이런 사건 하나만 보더라도 극명히 갈린다. 얼핏 들으면 이재명의 말이 틀린 것은 없다. 별 생각 없이 들으면 이재명이 선하고 좋은 사람이다. 하지만 이 대화 내용의 근저에 있는 본질을 잘 살펴봐야 한다. 좌파 이념이 감성팔이, 서정팔이라는 말을 듣는 근본 이유가 무엇인가?

중요한 것은 일관성이다. 가장 핵심이 되는 물음은 '왜 천안함 폭침이나 연평도 포격의 피해자들에게는 그렇게 하지 않는가?'이다 이재명 말마따나 "같은 사람"인데? 이러한 본질이 한눈에 보이는 사람은 저 서정적인 말에 도저히 선동이 되지 않는다. 조금만 생각을 해봐도 의문이 들 수밖에 없다. 좌파 진영에 있는 사람들은 흔히 자신들이 공감 능력이 더 높다고 주장하지만, 그것도 본질이 아니다. 정치인들이 자신들에게 도움이 될 만한 사안을 선택적으로 짚어 그것을 이용하는 문제가 본질이고 핵심이다.

그뿐만이 아니다. 아무리 큰 국가적 재난이 있었다 하더라도, 그것이 평생 국가적 중대 사안으로 유지될 수는 없다. 세월이 가면 잊혀지는 것은 당연한 것이고, 다만 그 '선'이 어디까지인가는 결국 각 개인의 성향에 달려 있는 문제다. 그 기준은 보편적인 기준으로 고정될 수 있는 것이 아니라, 각자의 삶의 경험, 가치관, 심리적 기질에 따라 달라지는 상대적인 개념이다. 이는 곧 여러 가지 개인적인 판단과 요소들이 복합적으로 작용하는 스펙트럼의 문제라 할 수 있다. 그런데도 단지 이러한 차이만을 근거로 하여 누군가의 정서적 공감 능력에 대해 단정하거나 평가하려는 것은 지나치게 단선적인 발상이다.

이전 장에서 인용했던 밀란 쿤데라의 소설 『참을 수 없는 존재의 가벼움』의 구절을 다시 떠올려보자. 잔디밭 위를 달리는 아이들의 모습은 그 자체로 아름답다. 그러나 그것이 "잔디밭 위를 달리는 아이들의 모습에 전 인류가 함께 감동한다는 것은 얼마나 아름다운가!"라는 식의 발상이 되는 순간, 그것은 키치가 된다. 아름다움의 본래 의미는 사라지고, 모두가 반드시 그렇게 느껴야 한다는 식의 전체주의적 사고로 변질된다. 그리고 이를 목청껏 외치는 이들은, 자신들만이 '선'이자 '정의'의 편에 서 있다고 믿는 커다란 착각에서 빠져나오지 못한다.

특히 '공감 능력의 부재'라는 프레임은 종종 자기 옳음을 정당화하는 마법의 주문처럼 작용한다. 하지만 때로는 그 주문이 다양성과 복잡성을 지워버리는 얄팍한 도구로 전락된다. 이처럼 조금만 생각해 보면, 무엇이 진짜이고 무엇이 가짜인지 금세 드러난다. 그러나 생각하지 않으면 아무것도 보이지 않는다. 결국 이리 선동하면 이리 우르르, 저리 선동하면 저리 우르르 휩쓸릴 수밖에 없다.

북한 정치사전에서는 선동을 '군중의 기세를 돋우고 그들을 당면한 혁명 과업 수행으로 직접 불러일으키는 정치사업'이라고 정의한다. 또한, 선동의 목적을 '감성에 호소하여 사람들에게 강한 충동과 자극을 주는 방법으로 그들의 혁명적 열의와 창발성을 발양시키는 것'이라고 설명한다. 이러한 선동은 사회 혼란의 출발점이다. 일차원적 감성에 휘둘리는 것과

 진짜 진보, 가짜 진보 I 깨어남의 진정한 의미를 묻다

진정한 진보적 사고를 구분하지 못하는 무지는 이제 끝내야 한다.

5-3 독재를 싫어하는 속내와 모순

현대 사회의 좌파식 사고를 살펴보면 '나치가 극우였으므로 우파는 나쁘다'는 사고를 가진 경우가 많다. 극우는 곧 파시즘이지만, 좌파는 그 반대이므로 파시즘이 될 수 없다는 식의 일차원적인 발상이다. 그러나 그렇지 않다. 좌든 우든 모든 것이 극으로 가면 결국 모든 것은 다 통한다. 극우라는 히틀러나 극좌라는 스탈린 모두 독재를 하고 사람을 함부로 죽이고 극악무도했음은 똑같다. 그리고 그들이 거짓말에 능했던 인간 부류였던 것도 마찬가지다.

랄프 게오르크 로이트의 저서 『괴벨스 대중선동의 심리학』에는 '거짓말은 처음에는 부정되고 그다음에는 의심받지만, 결국 반복되면 믿어진다.'는 대목이 있다. 그런데 그 거짓말을 하는 사람들이 바보가 아니다. 거짓말을 하는데 아닌 것 처럼 하는 것이 기술이다. 결국 당시의 독일인들은 유대인이 사회악이라고 굳게 믿었다. 물론 현대 한국 사회에서는 사람을 함부로 죽인다든가 하는 수준의 극성은 있을 수가 없다. 다만 거짓

선동이라는 특성은 예전보다 더하면 더했지 덜하지 않다. 물론 대부분의 정치인이 다 그런 방법을 쓰지만, 우리가 눈여겨 봐야 할 것은 교활하고 간교함이 베이스에 깔린 거짓과 선동이다. 그래서 위선과 모순을 잘 캐치해야 한다.

현대 한국 사회에서 정치적 갈등이 유독 극심한 이유는 단순히 정치적 이념과 성향 차이가 아니다. 역사 해석은 물론이고 지정학적 균형을 보는 시각 자체가 완전히 달라서 생기는 문제다. 한국의 좌파는 인권과 진보라는 탈을 뒤집어썼지만, 인권과 진보의 뜻조차 알지 못하는 무지 상태라고 봐야 한다.

2017년 4월, 당시 이해찬은 유력한 좌파 정치인이었다. 그는 충남 공주대학교의 선거유세 현장에서 "극우 보수 세력을 완전히 궤멸시켜야 한다"고 발언했다. 그 후 민주당이 집권 하고 2018년 즈음에 '20년 장기집권론'이 등장했다. 추미애 ,이해찬, 김민석 등 민주당의 핵심 인사들이 이를 주장하고 나섰다. 이상하지 않은가? 박정희 독재를 죽어라 비난하던 자들이다.

즉 독재가 싫다고 외치면서 자기들 방식으로 하는 독재는 괜찮다는 사고 방식이다. 이상적인 사회 건설, 즉 그들의 입장에서는 '혁명'을 위해서라면 모든 것이 정당화된다. 자신들이 나아가는 '정의로운' 길에서 누군가 걸리적 거리면 적폐, 반동분자, 악마, 파시스트가 되어버린다. 정상적이고 합리적 사고를 하는 사람들이 자신들을 반대할 것이라는 기본 전제 자체가 없는 것이다. 이는 자신들이 절대 선이고 정의라고 굳게 믿기 때문이다. 앞 장에서도 내면에 독재자 성향을 강하게 가질수록 타인의 독재를 더 싫어한다고 언급했다. 무의식 속 자신의 그림자가 외부 세계에 투영되면 더 강한 거부 반응을 일으키기 때문이다.

즉 특정 정치적 신념에 지나치게 빠져있는 자들은 근본적으로 진리와 진실을 추구하는게 아니다. 그들은 진보의 뜻도 모르고 진보를 외치고 있다. 자신들이 그리는 '이상적인 사회' 모델을 '절대적 선'으로 간주하고, 이에 동의하지 않으면 전부다 처단해야 할 대상으로 바라본다. 그러다 보니 자신들의 길에 방해되는 모든 존재는 적폐청산과 반동분자 척결을 통해 곁가지를 쳐내야 한다는 세계관에 빠지기 쉽다. 그러니 당연히 '우리들이 하는 독재'는 괜찮은 것이다.

2018년 평창 동계 올림픽에서 여자 아이스하키 종목에서 남북단일팀이 구성 되었다. 대표팀과 충분한 사전 협의 없이 정부 주도하에 남북 단일팀을 구성했고, 일부 선수가 엔트리에서 제외 되었다. 올림픽 출전 하나만 바라보고 4년간 피땀흘린 선수들은 뭐가 되는가? 남북 평화 쇼를 위

해 그들은 희생 되어야만 했다. 그런데 당시 국무총리는 이런 발언을 했
다.

이토록 독단적이고 구시대적 발상에 머물러 있는 자들이 진보라고 설
치는 게 대한민국의 현실이다. 진보의 뜻도 모르고 진보의 탈을 쓰고, 독
재는 싫다고 하며 누구보다 더 독재자 마인드를 탑재했다. 이것이 바로
'진보 호소인'들의 실체다. 한국의 좌파 정치인들과 지식인들이 아무리
'진보'를 외친다 한들, 그들은 머리로만 진보를 배웠을 뿐, 가슴으로 그 뜻
을 이해하는 사람은 없다.

개성화와 메타인지

분석심리학의 창시자 칼 융의 주요 이론 중 하나는 개성화(Individu
ation)다. 이는 인간이 자기(Self)라는 완전한 존재로 성장해 가는 심리적
과정이다. 단순히 개인적인 독립을 의미하는 것이 아니라, 자신의 무의
식과 의식을 통합하고 조화롭게 되는 과정이다. 융은 인간의 정신적 고
통이 의식과 무의식 간의 소통 단절에서 비롯된다고 보았다. 그리고 이

를 극복하는 방법은 어두움에 빛을 비추어 자아(Ego) 중심의 심리 구조를 자기(Self) 중심으로 옮겨가는 것이라고 설명했다. 즉, 인간은 내면의 어둠 속에 숨겨진 본래적 존재를 자각하고, 그것을 통해 다시 태어나는 과정을 거쳐야 한다. 융은 그 과정을 재생 혹은 심리적 부활이라고 불렀다.

그런데 이 과정이 모두에게 가능한 것은 아니다. 기본적으로 자기 자신에 대한 깊은 이해가 있어야만 가능하다. 자신의 내면 속의 어두운 면, 즉 그림자를 인식하고 수용하는 노력이 그 출발점이다. 무의식에 억압된 자아의 어두운 면을 발견하려는 노력이 있어야 하고, 또 그것을 마주했을 때에 회피하지 않고 직면하고 마주해야 한다. 하지만 이러한 작업은 결코 쉬운 일이 아니다. 사회화 과정을 통해 우리는 불편한 진실을 외면하는 데 익숙해져 있으며, 자신의 그림자를 마주한다는 것은 고통스럽다. 그 과정에서 자기혐오(self-loathing)가 극에 달하는 순간이 오기도 한다. 따라서 오직 진정으로 용기 있는 이들만이 자신의 내면을 탐험하고 어둠과 빛을 통합하는 여정을 걸어갈 수 있다. 그 과정을 견디고 이겨내야만 진정한 자기애(self-love)를 탄생시킬 수 있다.

즉 개성화의 본질은 자아성찰이다. 성찰이 제대로 이루어진다는 것은 자신의 근원이 통째로 흔들리는 느낌을 받는 것이다. 이는 고통스러운 과정이지만, 그 고통 속에서 무의식의 작동 원리를 가슴으로 이해하고, 무지함에서 앎으로 나아갈 수 있다. 융은 이러한 통합과 성장의 여정은 개인뿐만 아니라 인류 전체가 더 높은 수준의 의식으로 나아가는 데 중요한 기여를 한다고 보았다.

이러한 과정이 잘 이루어지지 않을 경우 모순과 위선이 심해질 수 있다. 분석 심리학을 기반으로 하자면 심한 모순과 위선의 원인은 의식과 무의식의 분리다. 의식이 특정 이념이나 신념에 치우치면 억압된 무의식의 그림자가 그만큼 더 강해진다. 이때 자아 성찰이 되지 않으면 의식에서 무의식의 존재를 부정하거나 억압하려고만 한다. 그러면 그럴수록 무의식은 더 강력한 방식으로 자신을 드러내려고 한다. 이런 억압은 외면적으로는 안정된 모습처럼 보일 수 있지만, 내적으로는 심한 갈등과 혼란을 유발한다. 이로 인해 자신의 가치관과 행동이 일치하지 않는 모순이 생겨난다.

자신이 인정하지 않는 무의식의 어두운 측면(그림자)은 종종 타인이나 외부 세계로 투사된다. 이로 인해 자신은 선하고 옳다고 믿으면서도, 다른 사람을 지나치게 비판하거나 공격하는 위선적 행동을 보일 수 있다. 즉 본인의 내면에서 억지로 밀어낸 것을 외부 세계에 투영한다는 뜻이다. 가령 타인의 독재에 더 민감하게 반응하는 사람들은 사실 상 내면 세계에 독재자의 성향이 더 강하게 억눌려 있는 사람이다. 세상은 근본적으로 자신의 마음을 비추는 거울이기 때문이다.

의식과 무의식의 분리가 심한 사람의 몇 가지 특성은 다음과 같다.

자기 모순을 인식하지 못한다

기억을 왜곡하여 자기 합리화를 한다.

남에게는 엄격하고 자신에게는 관대하다 (내로남불)

말과 행동의 불일치가 많은데 본인은 알아차리지 못한다

자신의 문제는 알아차리지 못하고 세상이 잘못되었다고 바라본다 등.

좌우를 막론하고, 유명세를 누리는 정치인들처럼 뻔뻔함이 극에 달한 인간 유형을 보라. 부끄러움이나 수치심을 느끼는 뇌의 회로가 마치 차단된 듯한 이들의 성격적 특성 또한, 결국 자아성찰의 결여에서 비롯된 것이라 할 수 있다. 세계관이 유아적 수준에 머물러 있으며, 정신적 지능 또한 낮은 편이다. 그중 일부는 평등, 인권, 사회적 약자 보호 같은 고귀한 가치를 강조하면서도, 자신이 가진 특권과 이중 잣대는 끝내 내려놓지 않으려 한다. 물론 모순과 위선은 특정 정치적 성향에 국한된 문제가 아니라, 인간 심리와 집단 행동에서 보편적으로 나타나는 현상이다. 다만, 특정 이념이나 가치를 강조할수록 그에 따르는 심리적 억압과 그림자가 더 뚜렷이 나타날 수 있다. 도덕적 정당성을 더 강조하는 쪽에서, 자신들에게도 도덕적으로 결함이 있다는 사실을 더 강하게 부정하는 모순이 생긴다.

자기 내면의 어두운 측면을 인정하지 않는 경향의 본질은 자아성찰의 부족이며 이의 근본 이유는 낮은 메타인지다. 메타인지는 상위 인지라고도 불리는데, 한 마디로 고차원적 사고다. 이는 수용적 의미에서 무언가를 학습하는 능력이라기 보다는, 사안이나 대상의 본질을 깨닫는 능력이다. 물론 자기 자신의 내면을 간파하고 제대로 직시하는 능력도 포함된다. 즉 메타인지가 부족하다는 것은 자신의 사고 과정을 스스로 인식하고 조절하는 능력이 없다는 뜻이다. 자기 이해도가 낮아서 자신이 무엇을 모르는지를 이해하지 못하고, 그것을 알려는 노력조차 하지 못한다. 따라서 세상을 선과 악이라는 이분법적으로 바라보는 경향이 강해지며, 또 맹목적인 신념이나 믿음을 가지는 성향이 강하다.

5-4 왜곡된 현실 인식의 뿌리

공산주의가 자본주의에 완전히 패배한 가장 큰 이유 중 하나는 생산수단의 국유화가 혁신과 효율성을 떨어뜨렸기 때문이다. 즉, 이를 바꿔 말하면 자본주의가 공산주의를 이긴 이유는 인간 본성에 더 부합하기 때문이다. 인간은 본래 경쟁적이고, 더 나은 보상을 추구하며, 노력에 대한 대가를 받고 싶어 하는 존재다. 그것이 비록 '이상적인 천국'의 모습은 아닐지 몰라도 인간 본성의 일부임은 자명하다.

예컨대, '평등'을 추구한 북한 사회가 진짜로 '평등'한가? 오히려 신분 간의 장벽이 더 단단하다. 이는 인간 본성 자체가 '이상적'이지 않기 때문이다. 자본주의 시스템이 인간 본성을 잘 활용하여 혁신을 이끌어 온 반면, 공산주의가 실패한 것은 현실을 제대로 직시하지 못했기 때문이다. 보고 싶은 면만 보고, 보기 싫은 면은 받아들이려 하지 않는 성향, 그것은 바로 자아 성찰이 부족한 사람들의 세계관이다. 자신의 그림자를 인정하려 들지 않는 사람들이 세상의 그림자도 인정하지 않으려는 태도가 강하기 때문이다.

과거 소련도 대부분의 산업을 국가가 통제했지만, 결국 혁신이 사라지고 경제가 정체되면서 붕괴했다. 완벽한 평등과 복지, 그리고 국민 모두가 혜택을 본다는 말은 듣기에는 그럴듯하지만, 인간 본성과 경제 원리를 깊이 이해하지 못한 발상이다. 그래서 좌파적 경제 정책들은 단기적으로는 인기를 끌지만, 장기적으로는 사회에 해를 끼치는 경우가 많다.

교육학자 사이토 다카시의 저서 『세계사를 움직이는 다섯 가지 힘』에는 '왜 사회주의에는 항상 폭력이 따르는가'에 대한 고찰이 있다. 저자는 그 원인을 '모든 것을 계획하려는 발상'에서 나온다고 통찰했다. 즉, 머릿속에 어떤 이상적인 그림을 그리고 억지로 무언가를 만들어내려는 발상이다. 사회나 국가가 하나의 이상적인 목표를 설정하고, 그 목표를 실현하기 위해 개인의 자유와 자발성을 억압하는 것, 그것이 바로 전체주의적 사고다. 그리고 국가가 모든 것을 통제할 수 있다는 그 믿음이 바로 파시즘적 사고의 근간이다.

현대 한국 사회의 좌우 프레임 대결에서 좌파가 유리한 이유는 그들의 말이 더 듣기 좋고 달콤해 보이기 때문이다. 하지만 진실을 이해하고 본질을 보려는 노력을 하게 되면 '한국형 좌파식 사고'가 얼마나 진정성이 떨어지고 위험한지 알 수 있다.(그렇다고 우파가 답이라는 말은 절대 아니다.) 잘 모르면 단순한 의견 차이로 보이지만, 사실상 사고 능력의 수준 차이다. 복잡한 문제를 단순한 해법으로 포장하고, 감정적 구호를 내세워 대중의 지지를 얻는 정치인에게 힘을 실어주는 사회가 되어서는 안 된다.

 진짜 진보, 가짜 진보 l 깨어남의 진정한 의미를 묻다

이들은 듣기 좋은 말을 이용해 대중을 바보로 만든다.

이러한 것들을 최소화하는 사회가 되기 위해서는 대중이 정신적, 의식적으로 더 똑똑해져야만 한다. 사실 그것이야말로 '진정한 진보'로 향하는 길이다. 사회의 진보란, 한 사회의 구성원들이 함께 정신적, 의식적으로 성장해 나가는 것이다.

5-5 갈등 속에서 균형을 찾다

태풍이 싫다고 해서 태풍을 없애려 하면 예상치 못한 더 큰 문제가 발생할 수 있다. 일차원적으로 보면 태풍은 '재해를 일으키는 나쁜 것'처럼 보이지만, 자연이 기후 균형을 유지하는 중요한 과정 중 하나이기 때문이다. 만약 태풍이 사라진다면 바닷물의 정체가 생겨 해양 생태계가 망가지고 지구의 열 순환이 제대로 되지 않아 기후 시스템에도 큰 교란이 생긴다. 즉, 더 강한 재해가 발생한다는 의미이다. 무언가 마음에 들지 않으면 없애버려야 한다는 식의 발상은 그만큼 위험하다. 결국 중요한 것은 균형이다.

정치라는 것은 한 나라를 흥하게도 망하게도 할 수 있다. 한 나라가 반으로 쪼개져 불과 수 십년 만에 선진국(남한)과 최빈국(북한)으로 나뉜 것만 보더라도 알 수 있다. 이토록 중요한 정치이니 사회 구성원들이 정치판의 본질을 제대로 이해해야만 한다. 이를 통해 무엇이 균형 잡힌 시각인지를 알려는 노력이 필요하다. 가령 학창 시절에 많이 했던 손가락으로 책을 돌리는 행위를 떠올려 보자. 정확히 한 가운데 손가락을 위치 시킨다고 책을 계속 돌릴 수 있는 것이 아니다. 끊임 없이 손가락의 위치를 움직여야 한다.

석유 시추선이나 해양 플랜트에서 쓰이는 DP(Dynamic Positioning) 시스템도 마찬가지다. 바람, 조류, 파도에 의해 끊임 없이 움직이는 선박을 제어 알고리즘을 통해 최대한 한 자리에 고정시킨다. 지속적인 미세 조정을 해야만 중심을 유지하는 것이다. 즉 균형이라는 것은 어떤 한 지점을 선택하고 그것을 영원히 고수하는 태도(고집)와는 거리가 멀다. 전체의 상황과 인과 관계를 끊임 없이 파악하고 이를 통해 계속 조정해 나가는 능력이 필수다.

극좌나 극우 모두 어차피 자기들 마음속에 있는 이상적인 국가 건설을 위해 수단과 방법을 가리지 않는다는 본질은 같다. 근간이 같고 추구하는 방향성만 다른 것 뿐이다. 그렇다면 어떤 집단이 특정 이데올로기나 관념을 근간으로 '이상적인 사회'를 건설해야 한다는 아주 확고한 신념에 빠져 있을 때 그 세력이 아주 강한 힘을 받는 것을 경계해야 한다. 그것이 균형추의 역할이다. 이는 결코 좌파, 우파의 문제나 진보, 보수의 문제가 아니다.

가령 극우인 히틀러가 힘을 받으면, 그 맥락 내에서 균형을 맞추는 행위는 왼쪽 편을 들어주는 것이다. 반대로 극좌인 스탈린이 힘을 받으면 반대로 오른쪽 편을 드는 것이 균형을 맞추는 것이다. 즉, 어느 쪽이 더 비이성적으로 기울었는지를 객관적으로 판단하고, 그 반대쪽에 힘을 실어준다. 나중에 상황이 역전되어 또다시 균형이 무너지면, 이때는 반대 포지션을 취할 줄 알아야 한다. 이것이 지성인이 응당 갖추어야 할 기본 소양이다.

한국의 예를 들어보자. 70-80년대 상황을 기준으로 한다면 나는 당시 민주화 세력, 즉 좌파의 편을 들 것이다. 그것이 절대 선이라서가 아니라, 그 맥락 내에서는 정권의 힘이 지나치게 막강하고 비대했으며, 억압적 사고가 팽배했던 것은 사실이기 때문이다. 하지만 2000년대 이후는 다르다. 상황이 많이 바뀌었다. 예리한 눈을 가진 사람이라면 그 교묘한 변화를 캐치할 수 있다. 사실상 권력 독재의 시대에서 대중 독재의 시대로 넘어갔다. 이 상황에서는 단순히 힘으로 찍어 누르는 것이 아니라, 사람들의 마음을 더 쉽게 조종하는 쪽이 사실상 더 큰 파워를 가지게 된다.

억압의 방식 자체가 감성적, 서정적 선동을 통해 대중의 정신을 조종하는 방식으로 바뀐 것이다. 이런 근간이 바뀐 것을 캐치해야 본질이 보인다. 소위 586세대들이 가장 부족한 점이 이런 류의 성찰이다. 70년대, 80년대, 자신들이 젊은 시절 정의라고 믿었던 것을 꽉 붙들고, 아직도 그 세계관 내에서 살고 있다. 시대에 뒤처져 꼰대로 바뀐 사람들이 여전히 '진보적 세계관의 선두'라고 자임하는 우스꽝스러운 상황이다.

변질된 계몽주의

70-80년대의 사고에 여전히 머물러 세상을 해석하고 또 피해의식에 따른 반발 작용이 이성을 앞지르는 좌파 지식인, 정치인들의 행태는 만연하다. 가령 광주는 '민주화의 성지'이므로 우파는 광주에서 시위를 해서는 안된다'는 식의 세계관도 같은 맥락이다. 과거에 집착이 강할수록 진실이 왜곡되기 쉽다. 이미 기득권이 되었고, 주류의 삶을 살면서도 피해의식에서 벗어나지 못하고 비주류인 척을 하는 것은 피터팬 증후군과 다를 바 없다.

심각한 모순과 위선, 내로남불이 그래서 발생하는 것이다. 그런 이상한 점을 캐치했다면 세계를 바라보는 방식을 바꿀 줄도 알아야 한다. 가령 '나는 40년 전 부터 좌파였으니 영원히 좌파를 할 것이다'혹은 '우리 집안은 대대로 좌파를 지지했으니 그게 당연하다'는 식의 사고 방식, 이런 것이야 말로 진보적 시각과는 완전히 반대되는 발상이며 또한 극도의 무지라고 할 수 있다.

대한민국의 안정을 진정으로 바란다면 박근혜와 윤석열이 아무리 싫다고 해도 김일성, 김정일, 김정은 보다는 낮다는 전제를 가지고 있어야 제대로 된 좌파의 사상일 것이다. 그러나 한국 좌파의 상당수는, 그 반대의 기준점을 가지고 있으니 갈등이 극심해 질 수 밖에 없다. 호주의 경우, 중국과의 심한 갈등을 겪으며 좌우가 똘똘 뭉치는 모습을 보였다. 정치적 견해가 달라도 국가의 근간을 흔드는 문제에 직면해서는 단합을 할 줄 아는 모습을 보였다. 자유 세계라는 가치 아래 보수와 진보가 비교적 건강하게 나뉘어져 있기 때문이었다. 그러나 한국의 좌파는 국가의 역사와 근간 자체가 잘못된 것이니 뜯어 고쳐야 한다고 생각 하기 때문에 갈등이 극심해 질 수 밖에 없다.

지성인이라면 정치 스펙트럼을 유기적으로 이해하고 끊임없이 움직이며 중심을 잡아야 한다. 끊임없이 변화하는 사회를 마주하며 불가피하게 때로는 왼쪽으로 치우칠 때도 있고, 때로는 반대로 오른쪽으로 치우칠 때도 있다. 그 기준은 사회가 어느 쪽으로 더 심하게 치우쳤는지를 제대로 간파하고 그 반대 지점에 힘을 실어주는 것이다. 상식이 있는 한국 국민이라면 이제 그 지점을 잘 파악해야 한다. 국민들이 깨어나 '진짜 진보'의 뜻을 제대로 이해하지 않는 이상, 진보의 탈을 쓴 공산주의자들이 설치고 그들의 목소리에 힘이 실린다. 물론 우파가 답이라는 말이 결코 아니다. 이제는 저급한 진영 논리를 넘어 더 높은 차원의 진보를 가슴으로 이해하고 '독립적인 사고'를 해야 할 시기다.

5-6 의견 차이인가, 수준 차이인가?

세상에는 수많은 의견 차이가 존재한다. 일반적으로 그러한 차이는 단순히 성격이나 성향의 차이로 치부되곤 한다. 하지만 엄밀히 따지면 그것은 배경 지식이나 지능의 차이에서 비롯되는 경우가 더 많다. 어떤 주제에 대한 기초 지식의 유무나 논리적 사고력의 차이가 크다면 대화가 평행선을 달리게 된다. 예를 들어, 역사적 사건에 대한 논쟁을 할 때, 사실을 기반으로 토론하는 사람과 잘못된 정보나 편향된 관점을 가진 사람이 만나면 논의 자체가 성립되지 않는다. 또한, 인지 능력(지능) 차이도 무시할 수 없다. 같은 정보를 접해도 그것을 비판적으로 분석하는 사람과 그대로 받아들이는 사람은 완전히 다른 결론에 도달하기 마련이다. 이처럼 애초에 공유하는 인식의 기반 자체가 다르면 의견 차를 좁히기 어렵다.

나는 개인적으로 영국의 작가 조지 오웰을 좋아한다. 20세기 전반기의 가장 양심적인 작가로 꼽히는 만큼 그가 남긴 말들은 주로 직설적이며 뼈를 때린다. 그가 남긴 글과 말들 중 '진실'에 대해 고찰한 내용을 엮어 만든 『조지 오웰 진실에 대하여』라는 책이 있다. 그 내용 중에는 모든 인간이 서로 매우 비슷하다고 주장하는 것이 가식이라는 대목이 있다. 사실은 인간의 지각 능력의 범위와 이를 기반으로 한 행동 양식에 층위가 있다는 의미다. 즉 '다름'이 아니라 사실 상 '위계'라는 말이다.

그러나 인간 세상에서 이러한 사실을 툭 터놓고 말하기는 어렵다. "이건 지능이나 지식의 차이야"라고 말하면 무례하게 들릴 수밖에 없기 때문이다. 그래서 사회적으로는 이러한 표현을 에둘러 말하거나 아예 회피하는 경향이 있다. 하지만 솔직히 말해, 많은 일상 생활이나 인터넷 상에서 벌어지는 토론과 논쟁에서 상대가 기본적인 지식조차 없이 감정이나 고정관념으로 이야기할 때 답답함을 느끼게 된다. 논리적인 토론이 불가능한 상황도 많고, 그렇다고 매번 설교하듯이 설명할 수도 없는 노릇이다.

트럼프는 악마인가

2018년 즈음 내가 호주 시드니에 있을 때었다. 카페에서 우연한 계기로 옆자리에 앉은 한 중년의 호주인 여성과 가벼운 대화를 나누고 있었다. 커피를 마시며 두꺼운 소설 책을 읽고 있던 것으로 보아 책 깨나 읽는 분으로 보였다. 하지만 나는 단순히 책을 많이 읽는 행위가 한 사람의 지성을 높여준다고 믿지 않는다. 오히려 독립적, 비판적 사고가 결여된 상태에서 지식만 집어 넣으면, 왜곡된 세계관을 더 강하게 가지는 경우를 많이 보았기 때문이다.

그녀의 대화 패턴에 일정한 공식이 있다는 것을 쉽게 알아차릴 수 있었다. 당시는 미국의 트럼프 대통령의 첫번째 임기 때였고, 서구권의 레거시 미디어는 그를 '악마화(demonising)'하기 위해 온 힘을 다하고 있을 때였다. 그녀는 세상 모든 문제가 트럼프 때문이라고 지적하고 있었다. 모든 문제의 결론이 트럼프의 잘못으로 귀결되고 2~3분에 한 번 씩 트럼프 욕을 해댔다. 그 호주인 여성은 트럼프라는 인물을 극혐하고 있었다. 그리고 그것이 응당 옳은 일이며, 선이며 정의라고 생각하고 있었다. 언론에서 떠들어대는 말을 듣고 한 사람을 악마라고 믿고 확신하고 있었다.

그러나 인간에 대한 통찰력이 아주 깊다고 알려진 한 인물은 다른 의견을 제시한 바 있다. 바로 세계적인 심리학자 조던 피터슨 교수다. 그가 트럼프의 성격에 대해 분석한 영상이 있다. 그것을 보면 트럼프가 수십 년간 계속해서 실패를 딛고 성공을 이루어낸 과정은 자기변혁적 인간이 아니면 불가능하다고 분석한다. 한두 번의 성공은 가능하지만 트럼프는 여러 차례 고난을 딛고 다시 일어서 성공하는 모습을 반복적으로 보였다고 덧붙인다. 자기 관리가 아주 철저한 사람이라는 뜻이다. 그러나 피터슨 교수는 트럼프를 칭찬하려는 것이 아니었다. 심리학자로서의 예리한 관찰을 있는 그대로 이야기했다. 그는 트럼프가 아주 외향적이고 자기주장이 강하고 이기적이며 나르시시즘적 성향이 매우 강하다고도 했다. 그리고 이내 이 말을 덧붙인다.

"그럼에도 불구하고 진심으로 동정심이 많다. 놀랍지만 그렇다. 그리고 양심적이다. (Genuinely compassionate, really quite surprisingly so. And conscientious.)"

피터슨 교수는 트럼프의 이러한 면(동정심, 양심)이 강한 이기심과 나르시시즘을 그나마 중화시켜서 그가 위험한 사람이 되지 않게 만들어 주었다고 분석한다. 즉, 트럼프는 강하고 냉철하고 이기적이지만, 또 반면 정이 많고 상식을 지키는 데 있어 양심이 있고 진정성이 있는 사람이라는 것이다. 피터슨 교수는 트럼프 내면의 양면성과, 내적 갈등, 끊임없는 자기 통제를 통해 균형을 맞춰온 점을 유기적으로 분석했다.

결국 트럼프는 천사도 아니고 악마도 아니다. 그저 아주 복잡 미묘한 한 인간일 뿐이다. 온갖 서로 다른 면이 내면에서 서로 다투고 균형을 잡아가는 과정을 있는 그대로 겪고 표현하는 한 인간이다. 그런데 어찌 이것을 착한 사람 vs 나쁜 사람 둘 중 하나의 프레임에 가둘 수 있겠는가? 실제로 트럼프가 '나쁜 사람'이 된 것도 공화당 후보가 된 후부터다. 그전까지는 미국의 주류 방송, 언론계는 트럼프에게 친화적이었다. 그러나 공화당 후보가 되자마자 방송가의 친한 친구들이 일제히 등을 돌렸다고 한다. (*조 로건 쇼에 나와서 본인이 직접 밝힌 내용이다.)

나는 트럼프 지지자가 아니며, 개인적으로 그를 좋아하지도 않는다. 하지만 핵심은 그게 아니다. 앞서 언급한 호주 여성이 트럼프를 무조건적으로 나쁜 사람이라고 믿는 근거는 얼마나 빈약한가? 그리고 그런 믿음이 '진보', '선', '정의'라는 신념으로 포장되는 것이 얼마나 우스꽝스러운가? 극도의 무지가 진보라는 가치 자체를 폄훼하고 있다.

반면 조던 피터슨의 분석은 매우 다면적이고 합리적이다. 이러한 차이는 분명 성격이나 성향의 차이가 아니라 지식과 지능의 차이다. 조금 더 자세히 말하자면 지각의 범위와 인식 능력의 차이다. 다만 높은 곳에서는 낮은 곳이 훤히 보이지만, 낮은 곳에서는 높은 곳이 보이지 않는다. 그러나 실제로는 수직적 차이인데, 수평적 차이라고 말해야만 할 수밖에 없는 것이 현실이다. 이러한 수준 차이가 이 세상에서는 성격이나 성향 차이라고 뭉뚱그려져서 불려지고 있다.

5-7 진정한 진보란

현대적 의미에서 진보(Progressive)는 사회적 평등, 인권, 다양성 존중 등을 중시하는 경향이 있다. 그 핵심에는 평등의 가치 뿐만 아니라 자유주의(Liberalism)의 가치도 함께 자리하고 있다. 일단 자유의 가치 없이는 진보를 논할 수 없다.

반면, 공산주의 국가들은 역사적으로 권위주의적 통치를 유지하면서 개인의 자유를 제한해 왔다. 이는 사회주의 체제에서도 종종 발견되는 특징이다. 공산주의와 사회주의는 집단주의적 이념을 바탕으로 국가가 경제와 사회를 통제하는 경향이 강하며, 이 과정에서 개인의 자율성과 선택권이 억압되기도 한다. 이러한 체제에서 나타나는 검열, 집단적 동일성 강요, 정치적 반대자 탄압 등은 자유주의적 가치와 정면으로 배치된다.

그럼에도 불구하고, 현대 정치판에서 사회주의와 공산주의가 진보적 성향으로 분류되는 경우가 많다는 점은 커다란 아이러니가 아닐 수 없다. 진보의 핵심은 자유와 권리의 확장이며, 국가 권력이 아닌 개인의 성장과 자율성을 우선하는 데 있다. 따라서 자유를 억압하는 체제를 진보로 간주하는 것은 논리적으로 모순적이다.

그뿐만 아니라 한국에서는 민족주의라는 가치를 더 내세우는 쪽이 우파가 아니라 좌파다. 이는 진보적 가치와는 정반대다. 모든 것이 완전히 거꾸로 뒤바뀌었다. 이는 단순한 용어 혼동이 아니라, 정치적 프레임의 왜곡에서 비롯된 문제라고 볼 수 있다.

결국, 진보의 참된 의미를 이해하려면 단순한 이념적 구분이 아니라, 실질적인 정책과 가치의 방향성을 고려해야 한다. 개인의 자유와 인권을 보장하는 사회가 진보적인 사회이며, 이는 권위주의적 통제와는 양립할 수 없는 개념이다. 따라서 '좌파는 진보고 우파는 보수'라는 식의 단선적인 발상은 극도로 무지해야만 할 수 있는 생각이다.

유럽의 일부 사회민주주의 정당들은 시장 경제를 수용하면서 복지 정책을 강화하는 방식으로 진보적 개혁을 주도해 왔다. 그들은 민주적 의미에서의 사회주의를 비교적 잘 해석했다. 그러나 북한, 중국, 러시아 등의

 진짜 진보, 가짜 진보 I 깨어남의 진정한 의미를 묻다

권위주의적 사회를 절대로 진보적 사회라고 할 수가 없다. 집단주의, 민족주의, 중앙집권적 경제 등을 더 강조하는 이들은 진보와는 아예 정반대의 길을 걸어왔다. 그러나 한국 사회에서는 이러한 집단과 정서적으로 더 많은 동질성을 느끼는 세력이 '진보'라는 껍데기를 차지해 버렸다. 앞뒤가 하나도 맞지 않는 상황이다.

중요한 것은 이념의 스펙트럼이고 전체적인 그림 내에서의 인과적 질서를 잘 분별해야 한다. 지금은 극좌가 진보, 민주주의, 개혁주의, 인권, 평화라는 개념으로 도금이 된 상황이다. 그러한 가스라이팅을 통해 억지로 이상한 고집을 주입하려들고 그것에 동의하지 않으면 극우라고 프레임 씌우는 일이 반복되고 있다. 진보는 이 사회에 꼭 필요한 중요한 가치임에 틀림이 없다. 하지만 '진보 호소 현상'의 본질적 모순이 눈에 안 보인다면 진보를 논할 자격이 없다.

더 높은 의식의 비밀을 푸는 열쇠

임춘한 작가의 저서 『시민의 정치학』에서는 자유주의에 대한 일반적인 오해를 짚어낸다. 많은 사람들이 자유를 뜻하는 '프리덤(Freedom)'과 '리버티(Liberty)'라는 단어를 혼동하며, 이를 동일한 개념으로 받아들이는 경향이 있다. 하지만 이 두 개념은 근본적인 차이를 지닌다. 'Freedom'은 자기 마음대로 행동하는 것에 방점을 둔다면, 'Liberty'는 타인의 권리를 침해하지 않는다는 의미를 내포한다. 즉, '리버럴적 사고'는 아무렇게나 행동하는 식의 자유가 아니다. 타인의 자유와 조화를 이루며 보장되는 상태가 진정한 자유라는 것이다. 이것이야말로 자유주의의 근간이다.

이처럼 자유주의의 핵심은 무제한의 자율성이 아니라, 책임 있는 자유의 실현에 있다. 이러한 맥락은 현대 한국 사회에서도 매우 중요하다. 자유주의에 대한 이해 부족은 정치적 대립을 격화시키고, '진영 논리'속에서 개인의 권리와 공공의 책임 사이의 균형을 놓치게 만든다. 그래서 '리버럴(liberal)'이라는 개념을 보다 정교하게 이해할 필요가 있다. 리버럴은 단순히 좌파나 우파 중 한쪽의 입장을 뜻하는 것이 아니다. 개인의 자유와 인권, 평등, 민주주의의 가치, 그리고 시장경제의 기능까지 포괄하는 복합적인 이념이다. 이념적 스펙트럼의 특정 지점에 고정된 것이 아니라, 맥락에 따라 유연하게 적용될 수 있는 사고방식에 가깝다.

예를 들어, 미국에서 리버럴은 보통 진보적이고 민주당 성향의 좌파를 뜻하지만, 유럽에서는 정반대로 자유시장경제를 강조하는 우파 자유주의를 의미하는 경우가 많다. 이는 '리버럴'이 본래 특정 진영의 전유물이 아니라는 점을 보여준다. 따라서 한국에서도 리버럴이라는 단어를 진보냐 보수냐의 이분법으로 재단하는 것은 무리이며, 그것이 의미하는 바를 상황에 따라 해석하고 적용할 수 있어야 한다. 결국 현대 사회에서 진정한 리버럴리즘은 편 가르기의 도구가 아니라, 다양한 의견과 가치가 공존할 수 있는 기반이 되어야 한다.

리버럴은 개방적이고 포용적인 태도를 지니고 새로운 사상이나 변화를 수용하는 경향이 강하다. 그러면서도 인권, 성평등, 동물권, 소수자 보호 등을 중요하게 여긴다. 한마디로 열린 사고를 하는 사람이 리버럴이다. 이러한 관점에서 보면 한국의 정치판은 너무 후진적이다. 세상의 변화를 가슴으로 받아들이고, 민감한 시류를 읽는 것이 아니라, 법과 정치만 아는 꼰대들이 모여 내가 진보니 보수니 하며 다투는 세계관은 너무 일차원적이며 유아적이다.

호주나 북유럽, 네덜란드 출신의 젊은 사람들과 대화를 나누어 보면 꽤나 생각이 깊고 다면적 사고를 하는 리버럴이 많다. 진보적이지만, 합리적 선을 찾으려 노력하는 사람들을 많이 만나봤다. 하지만 한국의 진보 정치인, 지식인은 진보의 뜻도 모르고 진보 호소인 놀이를 하고 있다. 그들은 우리도 사회주의를 하면 북유럽 처럼 될 수 있다고 하지만, 이러한 수준에서 사회주의를 하면 중국, 북한과 다를 바가 없어진다. 먼저 정신적으로 깨어난 후 진보를 말해야 하는데, 자신들이 뭘 모르는지도 모르고 꽉 막힌채 진보 흉내만 내려고 하기 때문이다.

인지언어학의 창시자로 알려진 조지 레이코프의 저서 『코끼리는 생각하지마』에는 '애석하게도, 시대에 뒤떨어지고 잘못된 이론을 교육받은 진보주의자들이 매우 많다.'는 대목이 나온다. 많은 진보주의자들이 낡고 비효율적인 이론을 배워왔으며, 그 결과 합리적인 사고를 못하고 있다는 비판이다. 소위 말하는 좌파 지식인의 책에도 이러한 통찰이 담겨있다.

진짜 사회주의를 북유럽식으로 하려면 먼저 정신적 진보가 이루어진 다음 해야 하는데 한국에는 이 말의 뜻을 아는 사람이 극히 드물다. 저차원적인 양분법적 세계관에서 벗어나질 못하면서 자신들이 진보라고 호소하는 코미디는 그만 되어야 한다. 물론 사회주의 자체는 잘못된 개념이 절대 아니다. 다만 그것을 운용하는 사람들의 정신 수준에 따라 스웨덴, 노르웨이 같은 사회가 될 수도 있고, 중국, 북한 같은 사회가 될 수도 있다. 그것은 소프트 웨어 영역이다.

쇼펜하우어는 정신적 수준에도 계급이 존재한다고 통찰했다. 그는 각 개인이 타고난 지각의 범위에 따라 세상과 그 자신을 바라보는 방식이 달라지며, 이로 인해 각자의 사유의 깊이가 결정된다고 보았다. 그는 사유가 깊어질수록 인간이 고귀해진다고 믿었으며, 세속적인 목표를 배제하고 순수하게 직관을 통해 사유할 수 있는 소수의 사람들을 '정신적 귀족(aristocracy of the mind)'이라고 명명했다. 그에게 있어서 정신적 귀족은 금권이나 신분상의 귀족을 넘어서는, 가장 고귀한 존재였다. 오직 이들만이 진정한 의미에서의 지성을 지닌 사람들이었다.

결국 쇼펜하우어가 말한 정신적 귀족은 특정한 이념에 치우치지 않고, 균형 잡힌 인식을 통해 자신만의 독창적인 세계관을 구축할 수 있는 사람들이다. 이들은 끊임없는 사유를 통해 사물의 본질적이고 근본적인 측면을 이해하려고 노력하며, 전체를 바라보는 시각을 통해 각각의 사건이나 사안이 전체의 인과 관계 속에서 어떤 위치를 차지하는지 파악할 수 있다. 독립적인 사고가 가능한 이런 고차원적인 존재들만이 진정한 의미에서 '진보'를 논할 자격이 있다. 진보 신념에 빠진 진보 호소 놀이는 결코 진보가 아니다.

이 책은 합리적인 사고가 가능한 사람들에게 논리를 제공할 목적으로 쓰여졌다. 누군가를 억지로 계몽할 의도는 없으며, 그것이 얼마나 어려운 일인지도 잘 알고 있다. 혹시 이 책의 내용이 우파적 시각이라고 여겨진다면, 내 이전 저서들을 먼저 읽어보길 바란다. 단언컨대 나는 정치적 신념에 사로잡혀 극단으로 흐른 좌우 진영 모두에 대해 단호한 거부감을 갖고 있다.

나는 세계시민이며, 진정한 리버럴의 가치를 가슴 깊이 이해하고 있는 사람이다. 그리고 이 책은 진보가 무엇인지도 모른 채, 진보라는 껍데기를 뒤집어쓴 사람들의 작태를 있는 그대로 드러낸 것일 뿐이다.

시대에 한참 뒤처진 꼰대적 사고가 '진보'로 둔갑해 있고, 그 이면에는 상당 부분 피해의식이 깔려 있다. 그런 이들에게 반대 의견을 내면 극우로 몰아붙이는 광기 어린 행태가 넘친다. 세상 돌아가는 일에 대한 최소한의 기본조차 모른 채 '깨시민 놀이'에 빠지는 행태는 경계해야 한다.

최소한의 지식이나 진지한 통찰도 없이, 자신이 무엇을 지지하는지도 제대로 알지 못한 채, 그저 '좌파는 진보고, 진보는 좋은 것이다'라는 논리로 지지하는 경우가 대부분이다. 그것이 정의고 선이라고 굳게 믿는다. 나는 이런 이들을 '깨시민 호소인'이라 부른다.

물론 그렇다고 해서 우파가 답이라는 것은 아니다. 진보의 참된 뜻을 이해하려면, 먼저 균형과 중도의 의미를 제대로 파악해야만 한다. 프랑스 혁명의 표어이자 국기의 세 가지 색이 상징하는 자유(Liberté), 평등(Égalité), 박애(Fraternité)는 본래 서로를 보완하는 가치로 여겨졌다. 자유는 개인의 권리와 선택을 중시하며, 평등은 모든 이에게 동등한 기회를 보장하려는 원칙을 담고 있다. 박애는 이러한 자유와 평등이 조화를 이루도록 돕는 연대와 협력의 정신을 의미한다. 이 세 가지는 상호 의존적인 가치로서, 어느 하나가 과도하게 강조되면 다른 가치들이 훼손될 수 있다는 점에서 균형이 중요하다.

그러나 현대 사회에서는 자유와 평등이 보수와 진보를 가르는 대립적인 개념으로 변질되었다. 특히 정치 담론에서 '자유'와 '평등'이라는 개념은 본래의 복합적인 의미를 잃고, 단순히 어느 진영에 속하는지 식별하는 상징으로 전락했다. 이처럼 양극화된 상황에서 중도를 지키는 태도는 종종 이도 저도 아닌 애매한 입장으로 폄하된다. 중도를 선택하는 것이란 마치 양쪽 모두를 피하고 무책임하게 회피하는 태도로 오해되기 쉽다. 하지만 중도의 본질은 모든 사안에서 무조건 중립적인 입장을 고수하는 데 있지 않다. 중요한 것은 전체적인 흐름을 이해하고, 개별 사안마다 겉모습이 아닌 본질을 꿰뚫어 독자적으로 판단하는 시각을 갖는 것이다.

균형 감각을 지닌 사람은 특정 이념에 맹목적으로 기대지 않는다. 그들은 단순히 보수나 진보라는 이름에 얽매이지 않고, 각 사안의 맥락과 실제 영향을 분석하여 자신만의 결론을 내린다. 때로는 보수적 입장이 더 적절할 수도 있고, 다른 경우에는 진보적 접근이 더 효과적일 수 있다. 중요한 것은 특정 진영에 속하는 것이 아니라, 각 사안 별로 문제를 객관적으로 분석하고 그에 맞게 판단할 수 있는 유연성을 유지하는 것이다. 이처럼 진정한 중도는 적극적으로 현실을 분석하고, 균형 있는 관점에서 비판적으로 사고하는 능력에서 비롯된다.

결국, 중도란 어느 한쪽으로 치우치지 않고 균형을 잡는다는 의미에서 출발하지만, 궁극적으로는 기존의 이념적 틀을 넘어서는 창의적 사고와 통찰을 요구한다. 이는 무조건적인 이념 대립을 벗어나 진정으로 문제의 본질을 파악하고자 하는 태도다. 진정한 진보 지식인이 되려면, 먼저 이 말의 의미를 정확히 이해한 뒤에 행동해야 할 것이다.

| 참고 도서 |

1. 「Claws of the Panda」, John Manthorpe, DCB, 2019

2. 「Silent Invasion: China's Influence in Australia」, Clive Hamilton,
    Hardie Grant Books, 2018

3. 「The subtle art of not giving a fuck」, Mark Manson, Harper, 2016

4. 「The Unbearable Lightness of Being」, Milan Kundera, Faber Paperback, 2005

5. 「The Open Society and Its Enemies」, Karl Popper, Taylor & Francis, 2012

6. 「의식혁명」, 데이비드 호킨스, 판미동, 2011

7. 「다시 태어난다면, 한국에서 살겠습니까」, 이재열, 21세기 북스, 2019

8. 「이분법 사회를 넘어서」, 송호근, 다산북스, 2012

9. 「지금 이 순간을 살아라」, 에크하르트 톨레, 양문, 2008

10. 「군중심리」, 귀스타브 르 봉, 현대지성, 2021

11. 「놓아버림」, 데이비드 호킨스, 판미동, 2013

12. 「거인의 통찰」, 샘 해리스, 비잉, 2022

13. 「지식인의 두 얼굴」, 폴 존슨, 을유문화사, 2020

14. 「아들러 심리학 입문」, 알프레드 아들러, 스타북스, 2015

15. 「타인의 고통」, 수전 손택, 이후, 2007

16. 「인간에 대하여」, 마광수, 어문학사, 2016

17. 「생각」, 마광수, 책읽는 귀족, 2014

18. 「맹신자들」, 에릭 호퍼, 궁리, 2024

19. 「우리편 편향」, 키스 스타노비치, 바다출판사, 2022

20. 「호모 스피리투스」, 데이비드 호킨스, 판미동, 2009

21.「 자유로부터의 도피 」, 에리히 프롬, 휴머니스트, 2020

22.「 나는 진보인데 왜 보수의 말에 끌리는가? 」, 조지 레이코프, 생각정원, 2018

23.「 386 세대유감 」, 김정훈, 심나리, 웅진지식하우스, 2019

24.「 프랑스와 중국의 위험한 관계 」, 앙투안 이장바르, 미디어워치, 2022

25.「 휘페리온 」, 프리드리히 횔덜린, 을유문화사, 2008

26.「 괴벨스 대중 선동의 심리학 」, 랄프 게오르크 로이트, 교양인, 2006

27.「 세계사를 움직이는 다섯 가지 힘 」, 사이토 다카시, 뜨인돌, 2024

28.「 조지 오웰 진실에 대하여 」, 조지 오웰, 필로소픽, 2021

29.「 코끼리는 생각하지마 」, 조지 레이코프, 와이즈베리, 2018

30.「 어떻게 극단적 소수가 다수를 지배하는가 」, 스티븐 레비츠키 외, 어크로스, 2024

31.「 워크는 좌파가 아니다 」, 수전 니먼, 생각의 힘, 2024

32.「 진보도 싫고, 보수도 싫은데요 」, 이동수, 이담북스, 2020

33.「 존중받지 못하는 자들을 위한 정치학 」, 프랜시스 후쿠야마, 한국경제신문, 2020

34.「 담론 」, 신영복, 돌베개 , 2015

35.「 에머슨 인생학 」, 서동석, 팝샷 , 2015

36.「 정치 성향은 어떻게 결정되는가 」, 존 R. 히빙, 오픈도어북스 , 2025

37.「 정치 사상사 」, 마르쿠스 앙케, 북캠퍼스, 2023

38.「 시민의 정치학 」, 임춘한, 박영사, 2024

39.「 진실의 색 」, 히토 슈타이얼, 워크룸프레스, 2019